Langer/Kümmel (Hrsg.) • „Wir sind Bundeswehr.“

AF288555

„*Wir sind Bundeswehr.*"

Wie viel Vielfalt benötigen/vertragen die Streitkräfte?

Phil C. Langer & Gerhard Kümmel (Hg.)

2015

Carola Hartmann Miles-Verlag

Bibliografische Information der Deutschen Nationalbibliothek
Die Deutsche Nationalbibliothek verzeichnet diese Publikation in der Deutschen Nationalbibliografie; detaillierte bibliografische Daten sind im Internet über www.dnb.de abrufbar.

Herstellung: Books on Demand, Norderstedt

© 2015 Carola Hartmann Miles-Verlag
  www.miles-verlag.jimdo.com
  email: miles-verlag@t-online.de

Alle Rechte, insbesondere das Recht der Vervielfältigung und Verbreitung sowie der Übersetzung, vorbehalten. Kein Teil des Werkes darf in irgendeiner Form (durch Fotokopie, Mikrofilm oder ein anderes Verfahren) ohne schriftliche Genehmigung des Verlages reproduziert oder unter Verwendung elektronischer Systeme gespeichert, verarbeitet, vervielfältigt oder verbreitet werden.

Printed in Germany

ISBN 978-3-945861-03-5

Inhaltsverzeichnis

1 Zur Einleitung

Gerhard Kümmel & Phil C. Langer

Das Militär wird „bunter"; so heißt es im Titel eines kürzlich erschienenen Sammelbandes zu Streitkräften und Minderheiten (Kümmel 2012). Andere Veröffentlichungen sprechen in diesem Kontext von einer wachsenden „Diversität" im Militär (Soeters/Meulen 1999; 2007; Dansby/Stewart/Webb 2001). Dieser Befund kann aus mehreren Gründen auch für die Bundeswehr Gültigkeit beanspruchen, so dass dies auch ein Thema für die militärbezogene sozialwissenschaftliche Forschung in der Bundeswehr ist. So bewegt sich die gesellschaftliche Entwicklung in Deutschland unübersehbar mehr in Richtung auf soziokulturelle Heterogenität als auf Homogenität hin. Es werden künftig vermehrt Teile der bislang als „ausländisch" oder „migrantisch" wahrgenommenen Bevölkerung, aber auch von Frauen und (bekennenden) Homosexuellen in den deutschen Streitkräften zu finden sein. Auch der demografische Wandel, insbesondere das Migrationsgeschehen in Deutschland bildet sich zusehends in den Streitkräften ab und macht sie kulturell heterogener (vgl. auch Menke/Langer 2011). Die Bandbreite von unterschiedlichen kulturellen, sub-kulturellen und religiös-ethnischen biographischen Hintergründen in der Bundeswehr wird also wachsen. Als Folge davon können eine Zunahme von Emanzipations- und Partizipationsansprüchen und eine Verschärfung der Akzeptanz- und Legitimitätsproblematik erwartet werden. Der von Minderheiten ausgehende Problemdruck in der Bundeswehr und die daraus resultierenden Toleranz- und Integrationsanforderungen werden demnach eher zu- als abnehmen.

Das ressorteigene Sozialwissenschaftliche Institut der Bundeswehr (SOWI, Strausberg), seit 2013 mit dem Militärgeschichtlichen Forschungsamt (MGFA) in Potsdam zum Zentrum der Bundeswehr für Militärgeschichte und Sozialwissenschaften (ZMSBw) fusioniert, hat sich dementsprechend in den vergangenen Jahren mehrfach mit Teilaspekten der Gesamtthematik beschäftigt und Veröffentlichungen zu Frauen und ethnisch-religiösen Minderheiten in den deutschen Streitkräften vorgelegt (Kümmel/Klein/Lohmann

2000; Kümmel/Biehl 2001; Kümmel/ Werkner 2013; Kümmel 2008; Menke/Langer 2011; Kümmel 2014). Im damaligen SOWI ist auch die Idee einer entsprechenden Tagung entstanden, die am 20. und 21. Juni 2011 unter dem Titel „*Wir sind Bundeswehr". Wie viel Vielfalt benötigen/vertragen die Streitkräfte?* in Kooperation mit dem Zentrum für transdisziplinäre Geschlechterstudien (ZtG) der Humboldt-Universität zu Berlin in der Humboldt-Universität stattfand.

Ziel der Tagung war es, die institutionellen Herausforderungen und Chancen des skizzierten Pluralisierungsprozesses systematisch zu erfassen und unter Einbezug internationaler Erfahrungen die für ein gelingendes *Diversity Management* notwendigen Rahmenbedingungen besser zu verstehen. Der Schwerpunkt lag dabei auf den kulturellen und ethnischen Aspekten des Prozesses, wenngleich *Gender*-bezogene Fragen eine wichtige Vergleichs- und Ergänzungsperspektive darstellten. Im Rahmen der Tagung versuchten unterschiedliche Akteure aus Wissenschaft und Militär trag- und anschlussfähige Antworten auf eine Vielzahl von Fragen zu finden:

- Ist die Bundeswehr auch in kultureller, „ethnischer" und religiöser Sicht als „Spiegel der Gesellschaft" zu sehen? Und was bedeutet diese Metapher eigentlich genau?

- Wie hängen die unterschiedlichen Pluralisierungsprozesse zusammen? Was kann etwa aus der Integration von Frauen in die Streitkräfte oder der Öffnung von Führungspositionen für Homosexuelle für den Umgang mit kulturellen und „ethnischen" Minderheiten gelernt werden?

- Welche Erfahrungen machen Menschen mit Migrationshintergrund in den Streitkräften und wie gehen sie mit diesen um?

- Wie sieht es in anderen Staaten mit Diversität im Militär aus?

Die Tagung kam dabei zu dem Ergebnis, dass der Themenkomplex Diversität und Minderheiten eine enorme Herausforderung für die Bundeswehr darstellt. Lange Zeit waren die deutschen Streitkräfte durch eine relative kulturelle und ethnische Homogenität sowie geschlechtliche Homosozialität geprägt. Dies beginnt sich zu ändern, ja, hat sich bereits geändert, so dass Vielfalt in der Bundeswehr durchaus als gelebte Realität zu verstehen ist. Den darin liegenden Perspektiven versucht die Bundeswehr mit vielfältigen Instrumenten „gerecht" zu werden. Besonders ist hier die Einrichtung der Zentralen Koordinierungsstelle Interkulturelle Kompetenz in Koblenz zu erwähnen.

Diversität und Minderheiten, das wurde bei der Tagung ebenfalls deutlich, sind aber nicht auf ihre Wahrnehmung als Problem zu beschränken, sondern Vielfalt ist sowohl als Chance wie auch als Ressource zu begreifen. Es geht demnach um einen Perspektivenwechsel, durch den Diversität als förderungswürdige Ressource erkennbar wird. Dieser Perspektivenwechsel ist auf der Ebene der politischen Leitung und militärischen Führung allein nicht ausreichend; er muss auch in der Alltagspraxis der Soldatinnen und Soldaten verankert werden. Am Ende der Debatte zu der Frage, ob es um die Änderung von Strukturen und/oder um die Änderung von Verhalten gehen muss, wurde erkennbar, dass reale Erfahrungen von Vielfalt wesentlich zu deren positiver Wahrnehmung und Würdigung beitragen, dass es sich dabei jedoch um einen längerfristigen Prozess handelt.

Unser Dank gilt den Vortragenden der Tagung, dem kritisch-diskutierenden Publikum, den Autoren und Autorinnen, die für den vorliegenden Band ihre Beiträge überarbeitet oder aus der Tagungsdiskussion heraus neue Beiträge geschrieben haben. Schließlich möchten wir auch dem damaligen SOWI und dem ZtG danken: Nicht nur für die Bereitstellung von Räumen und Ressourcen, sondern vor allem für den Mut zu dieser Zusammenarbeit. Es war für beide nicht einfach, sie zu versuchen. Mindestens zwei unterschiedliche Kulturen trafen hier aufeinander, was sich auch auf der Tagung in teilweise recht emotional ausgetragenen Diskussionen äußerte. Am ZtG gab es angesichts der Kontroverse um Drittmittelaufträge der Bundeswehr für rüstungsbezogene Forschung an Universitäten durchaus Skepsis und kritische Diskussionen, und die Unvorhersehbarkeit universitärer Veranstaltungsdynamik verursachte naturgemäß gewisses Unbehagen auf Seiten des SOWI als wissenschaftlicher Einrichtung einer auf Planungssicherheit getrimmten Organisation.

In dieser Hinsicht hat die Tagung interessante Forschungsperspektiven sowohl für das ZtG als auch für das SOWI bzw. nun, nach

Auflösung des SOWI, für das ZMSBw aufgezeigt. So erscheint die Bundeswehr selbst als spannendes Forschungsgebiet zur Untersuchung aktueller *Gender*-bezogener Fragestellungen, beispielsweise im Hinblick auf Prozesse der Konstruktion und Dekonstruktion von „Männlichkeit" in der Gesellschaft. Der Einbezug von Intersektionalitätsansätzen in der Forschung des ZMSBw könnte zugleich zu einem vertieften Verständnis der ineinander greifenden Dynamiken kulturell-ethnischer, *Gender*-, sozioökonomischer und anderer Diskurse und institutioneller Praktiken in der Bundeswehr beitragen und Möglichkeiten eines reflexiven *Diversity Managements* jenseits einer ökonomischen Funktionalität begründen. Die Beiträge in diesem Band sind folglich auch als eine Aufforderung zu weiteren Forschungsanstrengungen zu lesen.

Literatur

Dansby, Mickey R./Stewart, James B./Webb, Schuyler C. (2001). Managing Diversity in the Military: Research Perspectives from the Defense Equal Opportunity Management Institute. New Brunswick, N.J.: Transaction Publishers.

Kümmel, Gerhard (2008). Truppenbild mit Dame. Eine sozialwissenschaftliche Begleituntersuchung zur Integration von Frauen in die Bundeswehr (SOWI-Forschungsbericht 82). Strausberg: SOWI.

Kümmel, Gerhard (2014): Truppenbild ohne Dame? Eine sozialwissenschaftliche Begleituntersuchung zum aktuellen Stand der Integration von Frauen in die Bundeswehr (Gutachten 1/2014). Potsdam: Zentrum für Militärgeschichte und Sozialwissenschaften der Bundeswehr.

Kümmel, Gerhard (Hg.) (2012). Die Truppe wird bunter: Streitkräfte und Minderheiten. Baden-Baden: Nomos.

Kümmel, Gerhard/Biehl, Heiko (2001). Warum nicht? Die ambivalente Sicht männlicher Soldaten auf die weitere Öffnung der Bundeswehr für Frauen (SOWI-Bericht 71). Strausberg: SOWI.

Kümmel, Gerhard/Klein, Paul/Lohmann, Klaus (2000). Zwischen Differenz und Gleichheit: Die Öffnung der Bundeswehr für Frauen (SOWI-Bericht 69). Strausberg: SOWI.

Kümmel, Gerhard/Werkner, Ines-Jacqueline (Hg.) (2003). Soldat, weiblich, Jahrgang 2001. Sozialwissenschaftliche Begleituntersuchungen zur Integration von Frauen in die Bundeswehr – Erste Befunde (SOWI-Bericht 76). Strausberg: SOWI.

Menke, Iris/Langer, Phil C. (Hg.) (2011). Muslim Service Members in Non-Muslim Countries. Experiences of Difference in the Armed Forces in Austria, Germany and The Netherlands (SOWI-Forum International 29). Strausberg: SOWI.

Soeters, Joseph L./Meulen, Jan van der (Hg.) (1999). Managing Diversity in the Armed Forces. Experiences from Nine Countries. Tilburg: Tilburg University Press.

Soeters, Joseph L./Meulen, Jan van der (Hg.) (2007). Cultural Diversity in the Armed Forces. An International Comparison. New York: Routledge.

2 Diversität als Herausforderung des militärischen Homogenitätsideals[1]

Heiko Biehl

Das Wachbataillon der Bundeswehr

Das Wachbataillon beim Bundesministerium der Verteidigung ist nicht nur Aushängeschild der Bundeswehr, sondern der gesamten Bundesregierung (grundlegend: Loch 2007). Entsprechend selbstbewusst ist der Anspruch des Wachbataillons: Es will die Streitkräfte und die Bundesrepublik Deutschland gleichermaßen repräsentieren. Seine Kernaufgabe ist der protokollarische Ehrendienst, der körperlich sehr anspruchsvoll ist. Den damit einhergehenden Tauglichkeitsanforderungen ist nicht jeder gewachsen, und damit kein ‚schiefes‘ Bild entsteht, wird eine enge Norm angelegt und genau Maß genommen: „Jeder Bewerber muss eine Körpergröße zwischen 1,78 Meter und 1,96 Metern vorweisen, darf keine Brille, keinen Bart und auch keinen Bauch haben."[2] (siehe auch Bernardy 2007: 69) Das Wachbataillon verkörpert damit ein Ideal, das typisch ist für Streitkräfte – und nicht nur für die deutschen: ein Ideal militärischer Homogenität und Konformität (Bake 2009: 120-123). Dies unterstreicht das Motto des Bataillons, das anzeigt, dass es auf Uniformität und nicht auf Individualität ankommt: *semper talis* (lat., etwa ‚immer gleich‘). Doch auch in dieser alt-ehrwürdigen Einrichtung, die sich in einer großen Traditionslinie, die bis in das 17. Jahrhundert zurückreicht, sieht, sind in jüngster Zeit Neuerungen zu verzeichnen: So sind (erst) seit 2010 Frauen zum protokollarischen Dienst zugelassen – bis dahin waren nur Wehrpflichtige, d. h. männliche Soldaten erlaubt, obwohl die Öffnung der Bundeswehr für Frauen bereits ein Jahrzehnt zuvor be-

---

1 Bei dem vorliegenden Beitrag handelt es sich um die überarbeitete Übersetzung von Biehl (2013).

2 http://www.streitkraeftebasis.de/portal/a/streitkraeftebasis/!ut/p/c4/NYzBC sIwEES_pT-wm1IPxZulIOpFvGi9SNLEuDRNSrJaED_eRnAG5vKYh1dc6u WLrGQKXjq8YNfTWs2QBnWb6A2ajE8MU4gcJXGCWfYPxQ7I30PCczZo A33whvOy8UzL2ig5xN_PZfKMcSFAGjtRto1YiX_KT7097I9VLap215yy0Fnst MFpHOt5UxRf-IlZiA!!/

schlossen wurde. Auch dienen mittlerweile Soldaten mit Migrationshintergrund im Wachbataillon.

Diese Neuerungen verdeutlichen, wie das militärische Homogenitätsideal, dem das Wachbataillon, aber auch weite Teile der Streitkräfte und der Gesellschaft anhängen, zunehmend antiquiert wirkt und unter Druck gerät. Dennoch ist für viele die Armee immer noch der Inbegriff des Ent-Individualisierten, des Kollektiven, Homogenen und Uniformen. Dieses Ideal findet seinen Niederschlag nicht zuletzt in Bildern, Äußerlichkeiten, und Darstellungen, wie sie vom Wachbataillon wach- und hochgehalten werden.[3]

In diesem Beitrag geht es darum, das militärische Homogenitätsideal kritisch zu beleuchten und mit dem (militär-)soziologischen Forschungsstand zu konfrontieren. Dazu wird das militärische Homogenitätsideal zunächst kurz eingeführt und diskutiert (Abs. 2). Dabei muss auch der Beitrag, den die Militärsoziologie geleistet hat, in den Blick geraten (Abs. 3). Daran anschließend werden neuere Erträge der Forschung präsentiert, die die Funktionen und Voraussetzungen militärischer Homogenität kritisch bewerten und in wesentlichen Teilen relativieren (Abs. 4). Dass sich das Ideal militärischer Homogenität innerhalb und außerhalb der Streitkräfte ungeachtet dieser Erkenntnisse dennoch so hartnäckig hält, ist nur zu verstehen, wenn die damit einhergehenden Interessen- und Identitätspolitiken in den Blick geraten (Abs. 5). Abschließend wird für eine positive Haltung zur Pluralisierung der Streitkräfte geworben, die auch in der Zusammensetzung und der Präsentation des Wachbataillons ihren Niederschlag finden könnte (Abs. 6).

---

3 Siehe hierzu insbesondere das entsprechende Werbevideo für das Wachbataillon
im Rahmen der Kampagne ‚Wir. Dienen.Deutschland.‘ unter:
http://www.wirdienendeutschland.de/spezial/mit-drill-zur-perfektion.html

Das militärische Homogenitätsideal und die soziokulturelle Pluralisierung der Streitkräfte

Uniformität gilt als ein wesentliches Merkmal von Streitkräften.[4] Am augenfälligsten schlägt sich dies im Erscheinungsbild der Soldaten nieder. Uniformen dokumentieren einerseits durch den standardisierten Anzug die Gleichförmigkeit, Gemeinsamkeit und Zugehörigkeit der Soldaten zu den Streitkräften. Anderseits verweisen sie mittels Dienstgradabzeichen auf die hierarchisierte Binnenstruktur des Militärs, die bewusst sichtbar gemacht wird. Darüber illustrieren die Uniformen durch Kragenfarben und Verbandsabzeichen den Binnenpluralismus der Streitkräfte. Zugleich kann die jeweilige Ausgestaltung der Uniform mittels Abzeichen, Orden, Schützenschnüre und Auszeichnungen als Versuch der Soldaten verstanden werden, ein individuelles Profil in einer durch Uniformitäts- und Homogenitätsdruck geprägten Organisation zu erlangen (Stölting 2010: 23).

Die Idee soldatischer Homogenität beschränkt sich jedoch nicht auf Äußerlichkeiten. Auch in der Frage, wer in den Streitkräften dienen kann, zeigen sich entsprechende Vorstellungen. Noch bis vor wenigen Jahrzehnten stand in vielen westlichen Armeen der weiße, männliche, heterosexuelle Landsmann für die Norm des Soldaten. Begründet wurde diese Eingrenzung, die erhebliche Auswirkungen auf die zivil-militärischen Beziehungen und auf die soziale Position der betroffenen Gruppierungen haben kann, stets mit militärischen Funktionalitäten. Das lange vorherrschende ‚Ideal' ist in den letzten Jahrzehnten jedoch mehrfach (auf-)gebrochen worden, und im Ergebnis zeigt sich eine sozio-kulturelle Pluralisierung der westlichen Streitkräfte, die gleichermaßen Ausdruck gesellschaftlicher wie sicherheitspolitischer Entwicklungen ist.

---

4 Es wäre interessant, unter historischer Perspektive genauer zu prüfen, inwieweit das militärische Homogenitätsideal (Bei-)Produkt der nationalstaatlichen Prägung und Einbindung von Streitkräften ist, die sich im Zuge gesellschaftlicher Pluralisierungen, internationaler Einsätze und multinationaler Militärstrukturen gegenwärtig in Auflösung befinden. Ein Vergleich der heutigen Entwicklungen mit den Streitkräften der Frühen Neuzeit könnte daher überraschende Gemeinsamkeiten und Überschneidungen aufweisen. Diesen Hinweis verdanke ich Thorsten Loch (ZMSBw).

Aufgrund sozialer, sicherheitspolitischer und militärischer Veränderungen hat sich das Militär Personengruppen gegenüber geöffnet, denen der Weg in die Streitkräfte lange Zeit versperrt war. An erster Stelle sind in diesem Zusammenhang Frauen und Homosexuelle zu nennen, die mittlerweile in die meisten westlichen Armeen gleichberechtigt eingebunden sind, dies aber vor einigen Jahren noch nicht waren. Des Weiteren führten die sicherheitspolitischen Veränderungen seit 1989/1991 und der darauf folgende Umbau vieler westlicher Streitkräfte von Verteidigungs- zu Interventionsarmeen ebenfalls zu Änderungen in der Komposition der Streitkräfte. Zum einen geriet die Wehrpflicht unter permanenten Druck und ist mittlerweile in den meisten europäischen Staaten ausgesetzt bzw. abgeschafft – so auch hierzulande gut 20 Jahre nach dem Ende des Ost-West-Konflikts und der deutschen Teilung. Zum anderen warfen die multinational geprägten Militäreinsätze in internationalen Kriegs- und Krisenregionen die Frage auf, weshalb der Zugang zu den Streitkräften überhaupt an die Staatsbürgerschaft gebunden sein muss. Hand in Hand mit der ethnischen Pluralisierung der deutschen Bevölkerung führte diese zu einer zunehmenden ethnischen Vielfalt westlicher Streitkräfte. Hierzulande ist die Staatsangehörigkeit weiterhin eine *conditio sine qua non* für den Dienst in der Bundeswehr. Andere Staaten wie Belgien, Luxemburg und Spanien sind hier noch weiter gegangen und haben sich gegenüber ausländischen Bürgern geöffnet. Unabhängig von diesen nationalen Besonderheiten ist die Tendenz in allen westlich geprägten Armeen jedoch ähnlich: Die personelle Komposition der Streitkräfte ist sozio-kulturell vielfältiger, die Hintergründe und Erfahrungen der Soldaten sind diverser, kurz: Die Streitkräfte sind „bunter" geworden (Kümmel 2012). Damit stößt sich die Realität in den heutigen Streitkräften immer stärker an einer Vorstellung militärischer Homogenität, die in den Streitkräften selbst, aber auch in breiten Teilen der Gesellschaft weiterhin verbreitet ist und zu deren Verfestigung und Legitimation die Militärsoziologie wesentlich beigetragen hat, wie der nächste Abschnitt zeigt.

Militärsoziologie und militärisches Homogenitätsideal

Die Militärsoziologie hat das Ideal soldatischer Homogenität und den Ausschluss bestimmter sozialer Kreise aus den Streitkräften keinesfalls begründet, aber sie hat dazu beigetragen (und trägt in Teilen dazu bei), diese Praxis zu rechtfertigen und zu stabilisieren. Von zentraler Bedeutung sind dabei die US-amerikanischen Studien aus dem Zweiten Weltkrieg. Die Arbeiten des Forscherteams um Samuel Stouffer (1949) sowie der wegweisende Aufsatz von Edward Shils und Morris Janowitz (1948) betonen unisono die Wirkkraft des kameradschaftlichen Zusammenhalts. Stouffer et al. (1949) widmen sich in ihrem zweiten Band mit dem Titel *The American Soldier. Combat and Its Aftermath* der Frage der Kampfmoral der amerikanischen Soldaten. Dabei kommen sie zu dem Schluss, dass für die Kampf-moral „‚a sense of group obligation‘, ‚a sense of justice or fairness‘, and ‚the institutionalized role of soldier‘" wichtiger als „‚overideological considerations‘ and ‚sheer self-interest‘" (Schwartz/Marsh 1999: 27) seien. Demnach hängt die Motivation des einzelnen Soldaten in erster Linie von seinem militärischen Umfeld ab (Stouffer et al. 1949: Bd 2, Kap. 3). Shils und Janowitz legen in ihrer Studie zur Wehrmacht dar, dass soziokulturelle Ähnlichkeiten zentrale Voraussetzungen für kameradschaftlichen Zusammenhalt (*social cohesion*) seien, der wiederum ursächlich hinter dem Kampfeswillen der deutschen Soldaten im Zweiten Weltkrieg gestanden habe: „[T]he army was to a great extent carefully protected from disintegrating influences of heterogeneity of ethnic and national origin." (Shils/Janowitz 1948: 286), umgekehrt führe soziokulturelle Heterogenität zu Dysfunktionalitäten: „In the Wehrmacht, desertions and surrenders were most frequent in groups of heterogeneous ethnic composition in which Austrians, Czechs, and Poles were randomly intermixed with each other." (Shils/Janowitz 1948.: 285) und: „It was clear that groups so diverse in age composition and background, and especially so mixed in their reactions to becoming infantrymen, could not very quickly become effective fighting units." (Shils/Janowitz 1948: 288).

Damit lieferten die Studien – gewollt oder ungewollt – die Vorlage für die Exklusion bestimmter sozialer Gruppierungen aus den Streitkräften. Fortan gab es einen wissenschaftlichen, genauer: militärsoziologischen Beleg für die Personalpolitik, die nationalstaatlich geprägte Armeen ohnehin verfolgten: Nur Landsmänner in ihren Reihen aufzunehmen und Frauen und Homosexuelle auszuschließen. Die Auffassung, dass eine solche Personalpolitik notwendig sei, um kameradschaftlichen Zusammenhalt und damit militärische Effektivität zu gewährleisten, ist bis in unsere Tage in den Streitkräften – und in Teilen der Wissenschaft und Öffentlichkeit – präsent. Als Beleg mögen zwei Hinweise auf die hiesige Situation genügen: Bei einer Umfrage unter Bundeswehrangehörigen im Jahr 2005, erkannte die Hälfte der männlichen Befragten eine Wendung zum Schlechteren durch die Integration von Frauen und rund ein Drittel ging davon aus, dass diese zu einem Kampfkraftverlust führe. Als eine Ursache wurde der schlechte Einfluss weiblicher Soldaten auf den kameradschaftlichen Zusammenhalt genannt (Kümmel 2008: 21, 86, 98f.)

Nochmals zugespitzter argumentierte der Zweite Wehrdienstsenat Anfang der 1990er-Jahre, als es um die Frage ging, inwiefern Homosexuelle in der Bundeswehr als Soldaten und Vorgesetzte dienen und Verantwortung für unterstellte Soldaten übernehmen können: „In der engen Männergemeinschaft der Bundeswehr können homosexuelle Beziehungen unter keinen Umständen geduldet werden, weil sie zu Absonderung und Gruppenbildung, zu Eifersucht und gegenseitigem Misstrauen führen und damit die soldatische Gemeinschaft sprengen."[5] In einem anderen Urteil stellt dasselbe Gericht fest: „Der Zusammenhalt der Truppe würde empfindlich gestört werden, wenn homosexuelle Beziehungen mit all ihren emotionalen Implikationen geduldet würden."[6]

Die in den Urteilen verfolgte Argumentation entspricht nicht mehr der offiziellen Politik der Bundeswehr. Der sogenannte Kujat-Erlass aus dem Jahr 2000 und die aktuelle Zentrale Dienstvorschrift 14/3 (Wehrdisziplinarordnung und Wehrbeschwerdeordnung) heben alle Einschränkungen gegen homosexuelle Soldaten auf, betrachten die sexuelle Orientierung der Soldaten generell als Privatangelegenheit und legen Regeln für partnerschaftliche Beziehungen zwischen Solda-

---

5   Zit. n. *Neue Zeitschrift für Wehrrecht*, 33: 2, 1991, 79.
6   Zit. n. *Neue Zeitschrift für Wehrrecht*, 34: 1, 1992, 35.

ten fest. Da keine neueren empirischen Untersuchungen zur Situation und Akzeptanz homosexueller Soldaten vorliegen, muss an dieser Stelle offenbleiben, wie sich deren Situation in den Streitkräften de facto darstellt. Angesichts der merklich gestiegenen gesellschaftlichen Anerkennung von Homosexuellen ist jedoch davon auszugehen, dass deren Akzeptanz hierzulande höher ist als in vielen anderen Ländern. Der Furor und die immense gesellschaftliche und politische Mobilisierung, die diese Frage etwa in den USA auslöst (Moradi/Miller 2010), ist hierzulande nicht anzutreffen und auch nicht in der Bundeswehr vorhanden. Dies liegt sicherlich zum Teil daran, dass bislang keine Hinweise darauf vorliegen, dass die Integration homosexueller Soldaten zu Beeinträchtigungen des kameradschaftlichen Zusammenhalts in den Streitkräften geführt hätte. Dabei lag diese Vermutung noch den Urteilen des Wehrdienstsenates zugrunde. Sie wird mittlerweile aber auch durch die militärsoziologische Forschung nicht mehr getragen, wie im Folgenden detailliert gezeigt wird.

Sozialwissenschaftliche Relativierung von militärischer Homogenität und *social cohesion*

Die Befunde von Stouffer et al. sowie von Shils und Janowitz fanden in einigen Nachfolgestudien zur Einsatzmotivation Bestätigung (Little 1964; Marshall 1966 [1947]; Wong et al. 2003). Mittlerweile ist der Kenntnisstand der Militärsoziologie jedoch differenzierter; neuere Studien haben die Feststellungen der älteren Untersuchungen relativiert und korrigiert. Dies gilt sowohl bezüglich des Stellenwerts kameradschaftlichen Zusammenhalts für die Einsatzmotivation als auch für die Frage, ob sozio-kulturelle Homogenität notwendig ist, um *social cohesion* zu erreichen. Die vorgebrachten Kritikpunkte und Einwände stützen sich dabei gleichermaßen auf neuere Ergebnisse wie auf eine Re-Lektüre der älteren Studien (Basham 2009)

(a)   Fehlperzeption der klassischen Studien aus dem Zweiten Weltkrieg

Im Laufe der Zeit haben sich die Arbeiten von Shils und Janowitz sowie von Stouffer et al. in der militärsoziologischen Literatur als Standardreferenzen etabliert. Mit der zunehmenden Zahl an Zitationen geriet aber zugleich die Fülle und Differenziertheit der ursprünglichen Befunde immer mehr aus dem Blick. Stattdessen galten die Studien oftmals als unhinterfragte Referenz für die zentrale Bedeutung der *social cohesion* und sozio-kultureller Homogenität als deren Voraussetzung. Es ist insbesondere das Verdienst von David Segal und Meyer Kestnbaum (2002) durch Re-Lektüre der klassischen Studien diesen verzerrten Eindruck gerade gerückt zu haben. Die Autoren belegen die einseitige Wahrnehmung und Interpretation der Arbeiten aus dem Zweiten Weltkrieg. So werden Stouffer et al. „remembered as showing that cohesion (fighting for one's buddies) was the primary factor that sustained soldiers in combat". Dabei sei Kohäsion nur „one of the most important factors sustaining men in combat. However, it was not the most important" (Segal/ Kestnbaum 2002: 446). Doch die in Wissenschaft und Streitkräfte vorhandene „romantic mythology" (Segal/Kestnbaum 2002: 445) rund um diese Studien verstelle den Blick auf deren tatsächlichen Befunde. Die Re-Lektüre der Originalstudien aus dem Zweiten Weltkrieg unterstreicht somit die Relevanz motivationsrelevanter Faktoren jenseits der *social cohesion*, die die neuere Forschung generell belegt.

(b)   Empirische Relevanz anderer Einflussfaktoren der Einsatzmotivation

Die Untersuchungen zur Einsatzmotivation stellen nach wie vor heraus, dass Kameradschaft eine wesentliche Voraussetzung für Einsatzmotivation ist. So weist Carsten Pietsch (2012: 113, 115) nach, dass Kameradschaft ein wesentlicher Grund für Bundeswehrsoldaten ist, an Einsätzen teilzunehmen. Soldatischer Zusammenhalt ist folglich eine notwendige Größe für Einsatzmotivation, sie ist aber keine hinreichende. Kameradschaft alleine kann Soldaten nicht motivieren, andere Faktoren müssen hinzukommen.

Die Forschung hat über die Jahrzehnte die unterschiedlichsten Motivationsgrößen herausgearbeitet, denen je nach Kontext, Konflikt und Armee unterschiedliche Relevanz zukommen kann. Zentral ist in diesem Zusammenhang *task cohesion*. Demnach sei nicht soziale Zusammengehörigkeit, sondern die auf einen Zweck hin orientierte und für diesen bestimmte Gemeinschaft wesentlich für das Verhalten von Soldaten in Einsatz und Krieg (MacCoun 1993). Die gemeinsam verfolgte Aufgabe integriere Soldaten mit unterschiedlichen Hintergründen: „Social cohesion, in other words, refers to whether group members like each other, while task cohesion refers to whether they share the same goal." (MacCoun et al. 2006: 647) Mittlerweile liegt eine Reihe von Studien vor, die sich dem jeweiligen Einfluss von *social cohesion* und *task cohesion* auf die soldatische Motivation widmen und ihn bestimmen. Aber die Forschung hat auch andere Größen als wesentlich für die soldatische Motivation identifiziert, wobei insbesondere die Soldatenfamilie in den Blick gerät (Albano 1994). David Segal et al. (1999: 162) kommen etwa bei ihren Befragungen zweier in Süd-Korea stationierten Bataillone zu dem Schluss, dass insbesondere bei den jüngeren Soldaten ein gelungenes Familie-Armee-Arrangement motivierend wirkt. (Bartone/Adler 1999: 98; vgl. auch Bartone et al. 1998: 590). Mady Wechsler Segal (1986) hat in einem – seitdem häufig zitierten – Aufsatz das Militär und die Familie als „greedy institutions" („gierige Institutionen") bezeichnet, die jede auf ihre eigene Art und Weise sowie aus eigenem Recht auf den Soldaten einwirkt und seine Aufmerksamkeit, Tatkraft und nicht zuletzt seine Zeit einfordert. Gerade während eines Einsatzes kann der Soldat aufgrund seiner Abwesenheit naturgemäß seinen familiären Verpflichtungen nicht gerecht werden. Deshalb ist es kaum verwunderlich, dass seine Motivation im erheblichen Maße davon abhängt, ob und wie er und seine Familie die Trennung arrangieren können. Mittlerweile ist der Einfluss der Familie auf die soldatische Motivation weitgehend unstrittig; entsprechende Einsichten finden sich bereits in den ersten Veröffentlichungen aus dem Zweiten Weltkrieg. So thematisieren Shils und Janowitz (1948: 289-291) die Versuche der Wehrmacht, die Belastungen durch die Trennung von Familie und Heimat zu minimieren, da sich diese als Störfaktoren der Kameradschaft erweisen können.

Ferner finden sich Arbeiten, die dem Einfluss weiterer militärischer Größen, wie Ausbildung, Ausrüstung, medizinische Absicherung, Langeweile und andere mehr nachgehen (Keegan 1978; Harris/Segal 1985). In der Gesamtschau bietet sich somit ein Bild der Ausdifferenzierung und Auffächerung der Motivationsfaktoren. Galt lange Zeit der kameradschaftliche Zusammenhalt als die entscheidende Größe, Soldaten in Einsätze zu bringen und sie zum Kämpfen anzuhalten, ist die Relevanz anderer Faktoren mittlerweile anerkannt. An die Stelle monokausaler Erklärungen für Einsatzmotivation sind multidimensionale Modelle getreten, die den Stellenwert der *social cohesion* relativieren.

(c)   Methodische Einwände: Welchen Wert haben Selbstauskünfte über Einsatzmotivation?

Die Studien, die *social cohesion* als zentral für die soldatische Motivation erachten, fußen oftmals auf Selbstauskünften der Befragten. Dabei werden die Soldaten unmittelbar danach gefragt, was für sie der entscheidende Antrieb zum Kampf bzw. zum Einsatz war. Aufgrund eigener Einschätzung berichten die Befragten über ihre Motivationslage und die dahinterstehenden Beweggründe. Die damit einhergehenden Schwierigkeiten illustriert eine neuere Kontroverse, die in der international führenden militärsoziologischen Zeitschrift *Armed Forces & Society* ausgetragen wurde. Die Studie von Wong et al. (2003), die amerikanische und irakische Soldaten im Irak-Krieg befragt, unterstreicht nochmals den zentralen Stellenwert sozialer Kohäsion. Die Autoren stützten sich dabei auf Auskünfte von Soldaten über ihre Motivation. Diese Vorgehensweise sowie einige abwertende Bemerkungen, die die Trennung von *social cohesion* und *task cohesion* als akademischen Artefakt abtun, der in der harten Realität kriegerischer Auseinandersetzungen keine Entsprechung fände, evozierten eine entschiedene Reaktion von Robert MacCoun et al. (2006). Den Verfechtern der sozialen Kohäsion wird vorgehalten, dass sie einer romantisierten Sicht militärischen Zusammenhalts Vorschub leisten. Die Rede von emotionalen Beziehungen zwischen Kameraden bediene zwar den innermilitärischen Diskurs von Soldaten. Als sozialwissenschaftliche Analysekategorie oder Erklärung tauge ein solches

Konzept jedoch kaum (MacCoun et al. 2006: 647f.). Vielmehr zeige sich ein methodischer Defekt qualitativer Interviews, wenn die Soldaten unmittelbar nach ihrer Motivation und den dahinterstehenden Gründen gefragt werden. Die Soldaten griffen dann auf Erklärungsmuster zurück, die ihnen in der Ausbildung nahegebracht werden und reproduzierten diese in den Interviews. Aus methodenkritischer Perspektive mache sich folglich ein Antwortverhalten entlang der Kriterien militärischer Erwünschtheit bemerkbar (MacCoun 2006: 649f.). Aufschluss über die tatsächlichen Gründe für soldatische Motivation sei mittels einer derartigen Untersuchungsart kaum zu gewinnen. Weiterhin zentral bleibe vielmehr die *task cohesion*, für deren Relevanz es auch in der Studie von Wong et al. (2003) einige Belege gebe, die die Autoren jedoch nicht richtig deuteten.

Die an Wong et al. geübte Kritik verweist auf methodische Schwächen, die auch den Studien aus dem Zweiten Weltkrieg attestiert werden. Insbesondere Omer Bartov (2001 [1992]) hat die Erkenntnisse von Shils und Janowitz über den kameradschaftlichen Zusammenhalt unter den deutschen Soldaten in seinem Buch *Hitlers Wehrmacht* kritisch diskutiert. Bartov lehnt die methodische Herangehensweise der amerikanischen Soziologen mit dem Argument ab, dass die Aussagen deutscher Kriegsgefangener eine äußerst problematische Datenquelle seien. Schließlich könne man leicht nachvollziehen, dass diese eher das Zusammenwirken mit den Kameraden als wesentliches Moment ihrer Kampfmoral angeben als ihr eigenes fanatisches Bekenntnis zum Nationalsozialismus (Bartov 2001: 56). Von daher könnten die Selbstauskünfte der gefangenen Wehrmachtssoldaten kaum als Beleg für die Relevanz der *social cohesion* dienen. Die methodischen Einwände richten sich nicht alleine gegen den zentralen Stellenwert des kameradschaftlichen Zusammenhalts. Auch dessen Voraussetzungen werden mittlerweile kritisch diskutiert.

(d)   Sozio-kulturelle Homogenität ist keine Voraussetzung von *social cohesion*

Die gegenwärtige militärsoziologische Forschung steht der Annahme, sozio-kulturelle Homogenität sei förderlich für kameradschaftlichen

Zusammenhalt, zumindest skeptisch gegenüber. Eine Reihe von Autoren geht davon aus, dass militärische Kohäsion auch entstehen kann, ohne dass die Soldaten sozio-kulturelle Ähnlichkeiten aufweisen. Allerdings ist mit Blick auf die Forschungslage bislang noch nicht abschließend geklärt, ob gemischte Verbände anders funktionieren als homogene. So ist die mittlerweile in nahezu allen westlichen Streitkräften erfolgte Einbindung von Frauen weiterhin umstritten. Denn ungeachtet zahlreicher historischer Beispiele und Vorbilder für Kämpferinnen wird bis in die Gegenwart in Streitkräften, Wissenschaft sowie Publizistik darüber debattiert, ob gemischtgeschlechtliche Einheiten einen ausreichenden militärischen Zusammenhalt ausbilden können (vgl. die Beiträge in Carreiras/Kümmel 2008). Nicht wenige gehen davon aus, dass Soldatinnen das militärische Sozialgefüge nachhaltig stören und letztlich die Einsatzfähigkeit gefährden. Bei der Diskriminierung homosexueller Soldaten in den Streitkräften fanden und finden ähnliche Argumente Anwendung (Herek/Belkin 2006: 125).

Der gelegentliche Furor der Debatte ist nur zu verstehen, wenn die Integration von Frauen und homosexuellen Soldaten als Gefährdung klassischer Konstruktionen soldatischer Identität begriffen wird (Basham 2009). Gegenwärtig finden sich die Stereotype der Nichtintegrierbarkeit des ‚Anderen' verstärkt in der multinationalen Zusammenarbeit. Hierbei wird eine Reihe vermeintlicher Unvereinbarkeiten vorgebracht, wie fehlende Sprachkenntnisse, unterschiedliche Abläufe, Regelungen und Ausbildungsstand sowie divergente Militärkulturen. Es finden sich aber auch Stimmen, die infrage stellen, ob militärischer Zusammenhalt zwischen Soldaten unterschiedlicher Nationen generell möglich ist. Die bislang vorliegenden, sich auf relativ ruhig verlaufende Stabilisierungsoperationen beschränkenden Analysen legen jedenfalls nahe, dass es keine praktisch relevanten Differenzen im Vertrauen in Vorgesetzte und Kameraden eigener bzw. anderer Streitkräfte gibt (Moelker/vom Hagen/Soeters 2007; Biehl 2008). Deren Ausmaß ist vielmehr von persönlichen Dispositionen und Konstellationen abhängig. In eine ähnliche Richtung weist der Bericht eines multidisziplinären Forscherteams, das den Zusammenhalt und die Motivation israelischer Soldaten während der Al-Aqsa-Intifada untersucht (Ben-Ari et al. 2005). Auf Basis einer qualitativen ethnologischen Begleitung von Kampfeinheiten – ergänzt um Tiefen- und Fokusgruppeninterviews – zeigen die Autoren auf, wie für eine spezifische Aufgabe zusammengesetzte Einheiten erfolgreich sein können. Die Ausrichtung auf ein gemeinsames Ziel lässt einen Zusammenhalt zwischen Soldaten entstehen, die zuvor noch nicht gemeinsam agiert haben und die nicht nur hinsichtlich ihres militärischen Hintergrundes sehr divergent sind. Da eine solche Situation gerade unter Gefechtsbedingungen keineswegs die Ausnahme darstellt, sind viele militärische Bemühungen hinsichtlich Struktur, Prozess, Ausrüstung, Ausbildung etc. auf Standardisierung und Ent-Individualisierung ausgerichtet. Dies entspricht der Funktionslogik militärischer Organisationen, die stark von der Logik der Austauschbarkeit von Individuen geprägt ist.

Ziel ist es, den einzelnen Soldaten ersetzbar zu machen, um ungeachtet der personellen Fluktuation die Funktions- und Handlungsfähigkeit der Streitkräfte aufrechtzuerhalten. Sozialer Zusammenhalt als Ergebnis gleicher sozialer und kultureller Merkmale sowie langfristiger Zusammenarbeit stünde der Funktionslogik diametral entgegen. Vielmehr sind Armeen darauf ausgerichtet, Soldaten mit heterogenen Erfahrungen, Hintergründen und Merkmalen schnell auf eine Aufgabe hin auszurichten und zu integrieren. Unter dieser Perspektive ist *task cohesion* als Voraussetzung für Einsatzmotivation und Kampfmoral für die militärische Organisation ‚wünschenswerter‘ als *social cohesion*.

Somit liefert die Forschung ausreichend Hinweise, dass Zusammenhalt auch in gemischten soldatischen Einheiten möglich ist. Die Tatsache, dass in Teilen der Streitkräfte und der Wissenschaft weiterhin eine entgegengesetzte Botschaft kolportiert wird, trägt vermutlich dazu bei, die Integration des ‚Anderen‘ zu erschweren statt zu vereinfachen. Vorbehalte gegen sozio-kulturelle Heterogenität können somit zur ‚self-fulfilling prophecy‘ werden (Moradi/Miller 2010: 406).

(e) Militärische Besonderheiten sind gesellschaftlich und sicherheitspolitisch zunehmend legitimationsbedürftig

Neben den Argumenten, die sich aus dem engeren Kontext der militärsoziologischen Forschung speisen, gibt es auch noch gesellschaftlich und sicherheitspolitisch bedingte Entwicklungen, die der soziokulturellen Homogenität der Streitkräfte entgegenstehen. Dabei ist zu berücksichtigen, dass Besonderheiten des Militärs gegenüber Politik und Gesellschaft zumeist mit Verweis auf Funktionsnotwendigkeiten behauptet werden müssen. Bernard Boëne (1990) hat diese in der Militärsoziologie bekannte Einsicht auf die Frage zugespitzt: „How unique should the military be?" In der einschlägigen Diskussion bestand und besteht stets ein Neben- und Miteinander normativer, empirischer und funktionaler Aspekte, die sich an der Logik ausrichten, dass im Militär einige Dinge anders seien als im Zivilen, weil es funktional bedingt sei. Die militärische Funktion war dabei stets eindeutig definiert als Fähigkeit zum Kampf, Bereitschaft zum Töten und Sterben. Mit dem Hinweis auf diesen funktionalen Imperativ, wie Huntington (1957: 13) ihn bezeichnet, ließen sich militärische Besonderheiten erklären und begründen. Streitkräfte widersetzten sich so – viel länger als die allermeisten anderen gesellschaftlichen Bereiche – bestimmten gesellschaftlichen Veränderungen. Und nur aus einem solchen Verständnis heraus war etwa Frauen und Homosexuellen die Zugehörigkeit zu den Streitkräften noch untersagt, als diese schon in weiten Bereichen der Politik, Wirtschaft und Gesellschaft ihre Teilhabe eingefordert und wahrgenommen haben. Seit geraumer Zeit ist es nun – aus mindestens zwei Gründen – schwieriger geworden, militärische Besonderheiten mit dem Verweis auf militärische Funktionalität gegen gesellschaftliche Ansprüche zu verteidigen.

Erstens ist zu konstatieren, dass die militärische Funktion selbst unklar geworden ist. Bestand sie in der Zeit des Ost-West-Konflikts in der Fähigkeit zur Landes- und Bündnisverteidigung, so sind die Aufgaben heutzutage zumindest vielfältiger, in Teilen auch unklarer und schwammiger geworden. Timothy Edmunds (2006: 1075) führt diesen Zusammenhang wie folgt aus: „A consequence of this fluid organizational milieu has been the emergence of a number of functionally diverse, organizationally fragmented and sometimes contradictory roles for European armed forces. In the absence of an uncontested functional imperative, socio-political influences have been the most important factors in determining the nature and balance between these emergent new roles."

Wenn gegenwärtig so häufig von der Marginalisierung des Militärischen die Rede ist, dann kann sie vielleicht am ehesten hier lokalisiert werden: Nicht im vermeintlichen Desinteresse der Bevölkerung, nicht in der behaupteten mangelnden Unterstützung durch Politik und Gesellschaft, sondern in der Tatsache, dass es den Streitkräften immer weniger gelingt, mit Hinweisen auf Funktionalitätsnotwendigkeiten militärische Besonderheiten gegen gesellschaftliche Ansprüche und Normen durchzusetzen. Stattdessen ist ein zunehmender Druck zu verzeichnen, sich gesellschaftlichen Entwicklungen anzunähern und zivilen Standards anzupassen. Dies gilt auch und vor allem hinsichtlich der Bereitschaft der Streitkräfte, sich allen sozialen und kulturellen Gruppierungen gegenüber zu öffnen.

Zweitens zeigt sich, dass im Rahmen der neuen sicherheitspolitischen und militärischen Aufgaben sozio-kulturelle Homogenität in den Streitkräften eher hinderlich als förderlich ist. Denn durch die laufenden Einsätze haben sich die Anforderungen an die Streitkräfte ausdifferenziert. Ging es zur Zeit des Ost-West-Konflikts in erster Linie um die Teilnahme am genuinen Kampf und die Führung eines Gefechts, ist heutzutage eine Auffächerung der militärischen Anforderungen und soldatischen Fähigkeiten zu verzeichnen. Karl Haltiner und Gerhard Kümmel (2009) sprechen in diesem Zusammenhang von der Hybridisierung des Soldatischen. Für diese unterschiedlichen Aufgaben braucht es verschiedene Fähigkeiten und Erfahrungen, die ein einzelner Soldat nicht aufweisen kann. Umso wichtiger wird es, innerhalb der Streitkräfte und teilweise innerhalb kleiner Einheiten eine ganze Palette von Erfahrungen, Fähigkeiten und Fertigkeiten bereitzuhalten. Dies ist am ehesten zu gewährleisten, wenn sich die Streitkräfte aus Personen mit divergenten Hintergründen und Prägungen zusammensetzen. Sozio-kulturelle Homogenität wird unter dieser Perspektive kontraproduktiv, sozio-kulturelle Heterogenität funktional notwendig.

Um diesen Standpunkt an einem offenkundigen Beispiel zu illustrieren: Gerade bei Einsätzen in Ländern mit eher traditionellen Geschlechter- und Familienverhältnissen können weibliche Soldaten Kontakte und Kommunikation zu einheimischen Bewohnerinnen aufbauen, wie dies männlichen Soldaten nicht möglich wäre. Vergleichbare Dienste können Soldaten leisten, die aufgrund ihres Migrationshintergrundes einen kulturellen Bezug zum Einsatzland haben oder gar dessen Sprache beherrschen. Von daher verlangen die laufenden Missionen militärische Funktionalitäten, die sich eher mit einer sozio-kulturell gemischten Armee realisieren lassen. Damit wird die alte Logik der Studien aus dem Zweiten Weltkrieg gewissermaßen auf den Kopf gestellt: nicht mehr die sozio-kulturelle Homogenität ist funktional, weil sie *social cohesion* ermöglicht, die wiederum Voraussetzung der Kampfmoral ist, sondern sozio-kulturelle Heterogenität bringt die unterschiedlichsten Fähigkeiten, Erfahrungen und Perspektiven in die Streitkräfte, ohne die die aktuellen Einsätze nicht mehr zu bewältigen sind. Von daher steht das traditionelle Homogenitätsideal nicht nur aus militärsoziologischer Perspektive unter Druck, auch militärisch kann es immer weniger Relevanz beanspruchen. Dass es dennoch bis in unsere Tage Unterstützung und Anhängerschaft findet, macht es notwendig, die damit verbundenen Interessen zu beleuchten.

Militärsoziologische Befunde, soldatisches Ideal und Interessenpolitik

Angesichts der vielfältigen und teils schwerwiegenden Einwände und Kritik gegen die zentrale Stellung der *social cohesion* und sozio-kultureller Homogenität drängt sich die Frage auf, weshalb sich diese Vorstellungen so lange und so weithin in Teilen der Streitkräfte, der Öffentlichkeit und der Wissenschaft halten können. Erklärbar wird dies nur, wenn die dahinter stehenden Interessen in den Blick geraten. Diese beziehen sich auf mindestens drei Aspekte:

(a)   Personalpolitische Exklusion

Die große Wertigkeit sozialer Kohäsion und soziokultureller Homogenität – unterlegt durch wissenschaftliche Studien – ermöglichte eine militärische Personalpolitik, die einigen gesellschaftlichen Gruppierungen den Zugang zu den Streitkräften verwehrte. Frauen, Homosexuelle und bestimmte Minderheitengruppen waren bis in die jüngste Zeit – nicht zuletzt mit dem Hinweis auf ihren dysfunktionalen Einfluss – aus der Armee ausgeschlossen (Basham 2009). Gerade in den Zeiten, als die Streitkräfte einen zentralen Stellenwert in der Gesellschaft innehatten, spiegelten und verfestigten sie damit die gesellschaftlichen Geschlechterverhältnisse mit der Vorstellung einer heteronormativen Männlichkeit. Die Ausgrenzungen waren Teil einer Identitätspolitik, die das Bild des Soldaten eng an bestimmte Vorstellungen von Geschlecht, Sexualität und Nationalität band. Zugleich reduzierten sie den Kreis derjenigen, die zum Eintritt in den attraktiven und prestigeträchtigen Militärdienst berechtigt sind. Damit ergänzen sich Identitätspolitiken und sozio-ökonomische Interessen. Denn wie auch jüngere Studien unterstreichen, rühren Vorbehalte gegen die Integration von Frauen in die Streitkräfte zum Teil daher, dass mit einer verstärkten personellen Konkurrenz in den Streitkräften gerechnet wird (Kümmel/Biehl 2001: 87ff.). Je kleiner jedoch der Kreis der zum militärischen Dienst Berechtigten ist, desto größer fallen die Karrierechancen des Einzelnen aus. Von daher standen hinter dem Ausschluss gewisser Kreise aus den Streitkräften stets auch handfeste Interessen.

(b)   Romantisierung und Mystifizierung der *social cohesion*

Streitkräfte sind auf personelle Ersetzbarkeit, Austausch und Fluktuation angelegt. Entsprechend hat das Militär eine ganze Reihe von Institutionen geschaffen, die zum Ziel haben, dass sich Soldaten schnell kennenlernen und als Gruppe finden können. Zu denken ist hierbei an die obligatorischen Ice Breaker oder Seminarabende, die am Anfang jedes noch so kurzen Ausbildungsabschnittes stehen, wenn die Lehrgangsteilnehmer aus unterschiedlichen Kontexten stammen. Verlangt ist von den Soldaten und Soldatinnen mithin eine hohe Adaptionsfähigkeit und „Kooperationsprofessionalität" (von Bredow 2005) – gerade auch in Zusammenarbeit mit bislang unbekannten Kameraden. In der bereits erwähnten Studie zum Vorgehen der israelischen Streitkräfte im Rahmen der Al-Aqsa-Intifada untersuchen Ben-Ari et al. (2005) das Zusammenspiel sogenannter ‚instant units', also von Einheiten, die für spezifische Aufträge zusammengesetzt werden. Dabei zeichnen die Autoren Wege und Möglichkeiten nach, wie die Soldaten und Soldatinnen sich rasch auf die zu erledigende Aufgabe ausrichten und mit fremden Kameraden kooperieren. Angesichts der derzeitigen Aufgaben, bei denen es häufig darum geht, verschiedene Potenziale und Organisationselemente aufgabenorientiert kurzfristig zusammenzuführen, zum Teil sogar unter Einbezug anderer Streitkräfte, sind diese Fähigkeiten aus funktionaler Perspektive unabdingbar. Die Schaffung von Kohäsion aufgrund langer Vorkenntnisse und Erfahrungen wäre hingegen kontraproduktiv.

Angesichts dieser Organisationsnotwendigkeiten und Funktionsbedingungen kann die Sehnsucht vieler Soldaten und Soldatinnen nach sozialer Kohäsion und deren Idealisierung bzw. Romantisierung als Versuch verstanden werden, sich den funktionalen Imperativen einer auf Ersetzbarkeit des Einzelnen ausgerichteten Organisation entgegenzustellen. Dies erleichtert es den Soldaten, den Widerspruch zwischen Kameradschaftsrhetorik und konkret erfahrener, ‚kalter' Organisationslogik und Funktionsnotwendigkeit abzumildern.

(c) Historische Exkulpation

Im deutschen Kontext ist, wie Thomas Kühne (2006: 13) zu Recht ausführt, „der wissenschaftliche Umgang mit Kameradschaft wie mit den Primärgruppen stark wertbehaftet". Ursache ist die Debatte um die Involvierung und Verantwortung der Wehrmachtsangehörigen mit Blick auf die nationalsozialistischen Gewaltverbrechen. Die Antwort auf die Frage, ob die deutschen Soldaten im Zweiten Weltkrieg in erster Linie aus Sorge für ihre Kameraden und ihre militärische Primärgruppe gekämpft haben oder aus ideologischer, sprich nationalsozialistischer Überzeugung, ist wesentlich für die normative Beurteilung ihres Tuns. Hieraus schöpfte und schöpft die Studie von Shils und Janowitz (1948: 281) ihre politische Relevanz, lautet doch einer ihrer zentralen Befunde: „This extraordinary tenacity of the German Army has frequently been attributed to the strong National Socialist political convictions of the German Soldier. It is the main hypothesis of this paper, however, that the unity of the German Army was in fact sustained only to a very slight extent by the National Socialist convictions of its members." Damit lieferten die Autoren, wenngleich wohl nicht intendiert, ein Erklärungs- und Exkulpationsmuster, in das viele Wehrmachtsangehörige ihre Handlungen und Erfahrungen einordnen und bis zu einem gewissen Grade legitimieren bzw. entschuldigen konnten. Gemeinsam mit den sogenannten Ehrenerklärungen von Eisenhower und Adenauer zu Beginn der 1950er-Jahre wurde damit der Weg zur Wiederbewaffnung der Bundesrepublik und zur Integration ehemaliger Wehrmachtsangehöriger in die neu aufgestellten Streitkräfte geebnet. Thomas Kühne (2006: 278) hat vor diesem Hintergrund aufgezeigt, wie der Kameradschaftsmythos die kollektive westdeutsche Erinnerung an den Zweiten Weltkrieg bis weit in die 1970er-Jahre hinein dominierte. Seit Mitte der 1990er-Jahre hat die Debatte um die Verstrickung der Wehrmacht und ihrer Angehörigen in die nationalsozialistischen Verbrechen verstärkte, auch breitenwirksame Aufmerksamkeit erfahren. Dabei spielt die Frage, was die deutschen Soldaten zum Kampf angehalten hat und worauf die allgemein attestierte bemerkenswerte Durchhaltefähigkeit vieler Wehrmachtseinheiten zurückzuführen ist, wiederum eine wesentliche Rolle. Die Gegenposition zu Shils und Janowitz in der wissenschaftlichen Diskussion markiert Omer Bartov, der neben den bereits diskutierten methodischen Zweifeln auch konzeptionelle und empirische Einwände vorbringt. So weist Bartov für Verbände an der Ostfront nach, dass durch immense Ausfälle und Personalrotationen ‚gewachsene Einheiten' und langjährige kameradschaftliche Beziehungen keineswegs die Norm darstellten. Vielmehr sei die Identifikation mit dem System konstitutiv für die Kampfmoral der Soldaten gewesen, die auch „für den Nationalsozialismus und für alles, wofür er stand" (Bartov 2001: 272) kämpften. Die Studie von Bartov sowie die Diskussionen um Schuld und Involvierung der Wehrmacht und vieler Deutscher, wie sie mit den Schlagworten Goldhagen-Debatte und Ausstellung ‚Verbrechen der Wehrmacht' angedeutet sein sollen, zeugen

ebenso wie das ungebrochene Forschungsinteresse der Geschichts-
wissenschaft (Müller 2007; Kunz 2007; Zimmermann 2009; Neit-
zel/Welzer 2011) von der hohen gesellschaftlichen Relevanz, die den
Themen Kampfmoral und soziale Kohäsion hierzulande weit über
den wissenschaftlichen Kontext zukommt.

Fazit: Die Normativität militärsoziologischer Forschung …

Die voran stehenden Ausführungen legten dar, wie eng Organisati-
onspolitik – hier in erster Linie Personalpolitik – und sozialwissenschaftliche Forschung verflochten sein können. Auch wenn manche
militärsoziologische Arbeit versucht – nicht zuletzt durch die Reduk-
tion auf statistische Auswertungen, quantitative Analysen sowie Daten
und Zahlen – den Anschein zu erwecken, sie entziehe sich den normativen Debatten um Streitkräfte und den Einsatz militärischer Gewalt, wird umso deutlicher: Es gibt keine wertfreie Militärsoziologie.
Kaum ein Forschungsstrang ist besser geeignet, diese These zu belegen und zu illustrieren als die Auseinandersetzung um Kampfmoral,
Einsatzmotivation und kameradschaftlichen Zusammenhalt.

… und Ausblick: BunteWehr statt Bundeswehr?

Die Zukunft der Streitkräfte wird bunter als ihre Vergangenheit. Dies
legen die gesellschaftlichen und sicherheitspolitischen Entwicklungen
gleichermaßen nahe. Armeen werden sich künftig durch Heterogenität, Differenzen und Pluralisierung auszeichnen, da sie nur so An-
schluss an die funktionalen und gesellschaftlichen Trends und Not-
wendigkeiten halten können. Von daher wäre es ein innovativer und
symbolträchtiger Schritt für die Bundeswehr, auch ihre Paradesolda-
ten diesem Bild anzupassen: Weshalb nicht die uniforme, gleichför-
mige, *gestreamlinete* Front des Wachbataillons noch stärker durch Soldaten ergänzen, die für die neue Vielfalt in den Streitkräften stehen:
Männliche und weibliche, große und kleine, dicke und dünne, alte und
junge Soldaten, diverse ethnische Prägungen, unterschiedliche Uni-

formen – ja sogar Bart-, Brillen- und Bauchträger? Und warum sollten nicht auch Soldaten anderer Nationen hinzustoßen, mit denen die Bundeswehr auch die multinationalen Kriseninterventionen gemeinsam bestreitet? Mit solch mutigen, aber wegweisenden Veränderungen könnte das Wachbataillon zum Schrittmacher des militärischen Fortschritts werden statt Gralshüter der Tradition zu bleiben.

Literatur

Adler, Amy/Britt, Thomas/Castro, Carl (Hg.) (2006). Military Life. The Psychology of Serving in Peace and Combat. Vol. 4: Military Culture. Westport: Praeger Security.

Albano, Sondra (1994). Military Recognition of Family Concerns: Revolutionary War to 1993. *Armed Forces & Society*, 20: 2, 283–302.

Bake, Julika (2009). Fernab von der Armee im Einsatz? Wehrdienst und militärische Sozialisation im Wachbataillon BMVg. In: Kümmel (Hg.) 2009: 107–125.

Bartone, Paul T./Adler, Amy B. (1999). Cohesion over Time in a Peacekeeping Medical Task Force. *Military Psychology*, 11: 1, 85–107.

Bartone, Paul T./Vaitkus, Mark A./Adler, Amy B. (1998). Dimensions of Psychological Stress in Peacekeeping Operations. *Military Medicine*, 163: 9, 587–593.

Bartov, Omer (2001 [1992]). Hitlers Wehrmacht. Soldaten, Fanatismus und die Brutalisierung des Krieges. Reinbek bei Hamburg: Rowohlt Taschenbuch Verlag.

Basham, Victoria (2009). Effecting Discrimination. Operational Effectiveness and Harassment in the British Armed Forces. *Armed Forces & Society*, 35: 4, 728–744.

Beck, Ulrich (Hg.) (1982). Soziologie und Praxis (*Soziale Welt*, Sonderband 1). Göttingen: Schwartz.

Ben-Ari, Eyal/Ben-Shalom, Uzi/Lehrer, Zeev (2005). Cohesion during Military Operations. A Field Study on Combat Units in the Al-Aqsa Intifada. *Armed Forces & Society*, 31: 1, 63–79.

Bernardy, Patrick (2007). Erste Reihe und doch im Hintergrund. Der Protokolleinsatz. In: Loch (Hg.) 2007: 67–76.

Biehl, Heiko (2008). How Much Common Ground is Required for Military Cohesion? Social Cohesion and Mission Motivation in the Multinational Context. In: Leonhard et al. (Hg.) 2008: 191–220.

Biehl, Heiko (2012). Kampfmoral und Einsatzmotivation. In: Leonhard/Werkner (Hg.) 2012: 447–474.

Biehl, Heiko (2013). The Legacy of Military Heterogeneity in a Post-Interventionist Era: Diversity as a Challenge to the Military Ideal of Homogeneity. In: Kümmel/Giegerich (Hg.) 2013: 237–255.

Biehl, Heiko/Kümmel, Gerhard (2001). Warum nicht? Die ambivalente Sicht männlicher Soldaten auf die weitere Öffnung der Bundeswehr für Frauen (SOWI-Bericht 71). Strausberg: SOWI.

Boëne, Bernard (1990). How Unique Should the Military Be? A Review of Representative Literature and Outline of a Synthetic Formulation. *European Journal of Sociology*, 31: 1, 3–59.

Bredow, Wilfried von (2005). Kooperations-Professionalität. Das neue Profil der Bundeswehr und die notwendige Fortentwicklung der Inneren Führung. In: Wiesendahl (Hg.) 2005: 129–140.

Carreiras, Helena/Kümmel, Gerhard (Hg.) (2008). Women in the Military and in Armed Conflict. Wiesbaden: VS Verlag für Sozialwissenschaften.

Dörfler-Dierken, Angelika/Gerhard Kümmel (Hg.) (2010). Identität, Selbstverständnis, Berufsbild. Implikation der neuen Einsatzrealität der Bundeswehr. Wiesbaden: VS Verlag für Sozialwissenschaften.

Edmunds, Timothy (2006). What *Are* Armed Forces for? The Changing Nature of Military Roles in Europe. *International Affairs*, 82: 6, 1059–1075.

Haltiner, Karl/Kümmel, Gerhard (2009). The Hybrid Soldier. Identity Changes in the Military. In: Kümmel/Caforio/Dandeker (Hg.) 2009: 75–82.

Harris, Jesse J./Segal, David (1985). Observations from the Sinai. The Boredom Factor. *Armed Forces & Society*, 11: 2, 235–248.

Henderson, Darryl (1985). Cohesion. The Human Element in Combat. Washington, D.C.: National Defense University Press.

Herek, Gregory M./Belkin, Aaron (2006). Sexual Orientation and Military Service: Prospects for Organizational and Individual Change in the United States. In: Adler/Britt/Castro (Hg.) 2006: 119–142.

Huntington, Samuel (1957). The Soldier and the State: The Theory and Politics of Civil-Military Relations. Cambridge: Belknap Press.

Ingraham, Larry H./Manning, Frederick J. (1981). Cohesion. Who Needs it? What Is it and How Do We Get it to Them? *Military Review*, 61: 6, 3–12.

Janowitz, Morris (Hg.) (1964). The New Military. Changing Patterns of Organization. New York: Russell Sage Foundation.

Keegan, John (1978). Das Antlitz des Krieges. Düsseldorf – Wien: Econ.

König, René (Hg.) (1968). Beiträge zur Militärsoziologie (*Kölner Zeitschrift für Soziologie und Sozialpsychologie*, Sonderheft 12). Köln – Opladen: Westdeutscher Verlag.

Kolditz, Thomas (2006). Researching in Extremist Settings. Expanding the Critique of ‚Why They Fight‘. *Armed Forces & Society*, 32: 4, 655–658.

Kühne, Thomas (2006). Kameradschaft. Die Soldaten des nationalsozialistischen Krieges und das 20. Jahrhundert. Göttingen: Vandenhoeck & Ruprecht.

Kümmel, Gerhard (2008). Truppenbild mit Dame. Eine sozialwissenschaftliche Begleituntersuchung zur Integration von Frauen in die Bundeswehr (SOWI-Forschungsbericht 82). Strausberg: SOWI.

Kümmel, Gerhard (Hg.) (2009). Streitkräfte unter Anpassungsdruck. Sicherheits- und militärpolitische Herausforderungen Deutschlands in Gegenwart und Zukunft. Baden-Baden: Nomos.

Kümmel, Gerhard (Hg.) (2012). Die Truppe wird bunter: Streitkräfte und Minderheiten. Baden-Baden: Nomos.

Kümmel, Gerhard/Caforio, Giuseppe/Dandeker, Christopher (Hg.) (2009). Armed Forces, Soldiers, and Civil-Military Relations. Essays in Honor of Jürgen Kuhlmann. Wiesbaden: VS Verlag für Sozialwissenschaften.

Kümmel, Gerhard/Giegerich, Bastian (Hg.) (2013). The Armed Forces: Towards a Post-Interventionist Era? Wiesbaden: Springer VS.

Kunz, Andreas (2007). Wehrmacht und Niederlage. Die bewaffnete Macht in der Endphase der nationalsozialistischen Herrschaft 1944–1945. München: Oldenbourg.

Leonhard, Nina/Werkner, Ines-Jacqueline (Hg.) (2012). Militärsoziologie. Eine Einführung. Zweite aktualisierte und ergänzte Auflage. Wiesbaden: VS Verlag für Sozialwissenschaften.

Leonhard, Nina/Aubry, Giulia/Casas Santero, Manuel/Jankowski, Barbara (Hg.) (2008). Military Co-operation in Multinational Missions: The Case of EUFOR in Bosnia-Herzegovina (SOWI-Forum International 28). Strausberg: SOWI.

Loch, Thorsten (Hg.) (2007). Das Wachbataillon beim Bundesministerium der Verteidigung (1957– 2007). Geschichte – Auftrag – Tradition. Hamburg et al.: Verlag E.S. Mittler & Sohn.

Little, Roger W. (1964). Buddy Relations and Combat Performance. In: Janowitz (Hg.) 1964: 195–223.

MacCoun, Robert (1993). What is Known about Unit Cohesion and Military Performance. In: RAND (Hg.) 1993: 283-331.

MacCoun, Robert/Kier, Elizabeth/Belkin, Aaron (2006). Does Social Cohesion Determine Motivation in Combat? An Old Answer to an Old Question. *Armed Forces & Society*, 32: 4, 646–654.

Marshall, S.L.A. (1966 [1947]). Soldaten im Feuer. Frauenfeld: Huber.

Moelker, René/Soeters, Joseph/Hagen, Ulrich vom (2007). Sympathy, the Cement of Interoperability: Findings on Ten Years of German-Netherlands Military Cooperation. *Armed Forces & Society*, 33: 3, 496–517.

Moradi, Bonnie/Miller, Laura (2010). Attitudes of Iraq and Afghanistan Veterans towards Gay and Lesbian Service Members. *Armed Forces & Society*, 36: 3, 397–419.

Moskos, Charles C. (1968). Eigeninteresse, Primärgruppen und Ideologie. In: König (Hg.) 1968: 201–220.

Müller, Sven-Oliver (2007). Deutsche Soldaten und ihre Feinde. Nationalismus an Front und Heimatfront im Zweiten Weltkrieg. Frankfurt am Main: S. Fischer.

Neitzel, Sönke/Welzer, Harald (2011). Soldaten. Protokolle vom Kämpfen, Töten und Sterben. Zweite Auflage. Frankfurt am Main: S. Fischer Verlag.

RAND (Hg.) (1993). Sexual Orientation and U.S. Military Personnel Policy. Options and Assessment. Santa Monica: RAND.

Schwartz, T. P./Marsh, Robert M. (1999). The American Soldier Studies of WWII: A 50th Anniversary Commemorative. *Journal of Political and Military Sociology*, 27: 1, 21–37.

Segal, David R./Jones, Joseph C./Rohall, David E./Manos, Angela M. (1999). Meeting the Missions of the 1990s with a Downsized Force. Human Resource Management Lessons from the Deployment of PATRIOT Missile Units to Korea. *Military Psychology*, 11: 2, 149–167.

Segal, David R./Kestnbaum, Meyer (2002). Professional Closure in the Military Labor Market: A Critique of Pure Cohesion. In: Snider/Watkins (Hg.) 2002: 441–458.

Shils, Edward A./Janowitz, Morris (1948). Cohesion and Disintegration in the Wehrmacht in World War II. *Public Opinion Quarterly*, 12: 2, 280–315.

Siebold, Guy L. (1999). The Evolution of the Measurement of Cohesion. *Military Psychology*, 11: 1, 5–26.

Siebold, Guy (2007). The Essence of Military Group Cohesion. *Armed Forces & Society*, 33: 2, 286-295.

Snider, Don M./Watkins, Gayle L. (Hg.) (2002). The Future of the Army Profession. Boston et al.: McGraw-Hill.

Stölting, Erhard (2010). Organisation, Institution und Individuum. Der militärische Kontext in soziologischer Perspektive. In: Dörfler-Dierken/Kümmel (Hg.) 2010: 21–40.

Stouffer, Samuel A. et al. (1949). The American Soldier. Studies in Social Psychology in World War II (Bde 1–4). Princeton: Princeton University Press.

Wechsler Segal, Mady (1986). The Military and the Family as Greedy Institutions. *Armed Forces & Society*, 13: 1, 9–38.

Wiesendahl, Elmar (Hg.) (2005). Neue Bundeswehr – neue Innere Führung? Perspektiven und Rahmenbedingungen für die Weiterentwicklung eines Leitbildes. Baden-Baden: Nomos.

Wong, Leonard/Kolditz, Thomas A./Millen, Raymond/Potter, Terence (2003). Why They Fight. Combat Motivation in the Iraq War. Carlisle Barracks: U.S. Army War College.

Zimmermann, John (2009). Pflicht zum Untergang. Die deutsche Kriegführung im Westen des Reiches 1944/45. Paderborn: Ferdinand Schöningh.

3   Deutscher.Soldat. e. V.

Nina Ann Gerdeman & Ntagahoraho Burihabwa

Deutscher. Soldat. e.V. ist eine Initiative an der Helmut-Schmidt-Universität/Universität der Bundeswehr, Hamburg. Das Ziel dieses Vereins ist es, in der derzeitigen öffentlichen Integrationsdebatte einen positiven Impuls zu setzen. Durch eine differenzierte und öffentlichkeitswirksame Auseinandersetzung und Präsentation der mittlerweile allgegenwärtigen ‚ethnischen‘ und ‚kulturellen‘ Vielfalt in den Streitkräften soll auf Facetten der Dimensionen ‚Migration‘ und ‚Integration‘ aufmerksam gemacht werden, die im gegenwärtigen Diskurs aufgrund größtenteils einseitiger und undifferenzierter Problematisierung (noch) nicht abgebildet und diskutiert werden.

Ausgangspunkt der Initiative sind einerseits die persönlichen Erfahrungen der Vereinsmitglieder als deutsche Staatsbürger und Soldatinnen und Soldaten mit Migrationshintergrund – sowohl im gesellschaftlichen Alltag als auch bei der Bundeswehr – und andererseits eine kritische Beurteilung der derzeit in Deutschland geführten Integrationsdebatte. Zwei Thesen stehen in diesem Zusammenhang im Fokus: Zum einen, dass die derzeitige öffentliche Integrationsdebatte größtenteils undifferenziert und einseitig geführt wird, und zum anderen, dass sie zu verzerrten Perzeptionen und Denkmustern innerhalb der deutschen Gesellschaft führt.

Als undifferenziert ist diese Debatte deshalb zu sehen, weil sie es nicht vermag, die in Bezug auf Herkunft, Kultur, Religion etc. tatsächlich bestehende Heterogenität innerhalb der deutschen Gesellschaft zu erfassen. Als einseitig muss diese Debatte unterdessen charakterisiert werden, weil sie Problembereiche ausschließlich auf Seiten der ‚zu integrierenden Bevölkerungsgruppen‘ sucht, ohne dabei auf Mechanismen, Strukturen und Verhaltensmuster einzugehen, die auf Seiten der ‚aufnehmenden Gesellschaft‘ einem erfolgreichen Integrationsprozess entgegenstehen könnten.

Die Verzerrung von Perzeption und Denkmustern spiegelt sich zudem in der im Allgemeinen unhinterfragten Vorstellung wider, dass ein ‚Migrationshintergrund' und somit auch das ‚Deutschsein' grundsätzlich anhand des äußeren Erscheinungsbildes eines Menschen erkennbar sein müssen. Die phänotypische Vielfalt der beteiligten Soldaten, die jedoch größtenteils in Deutschland geboren sind und ohne Ausnahme Inhaber der deutschen Staatsbürgerschaft sind, beweist den Trugschluss solcher Annahmen. Deshalb ist es die Absicht des Vereins, diese Perzeptionen und Denkmuster, die durch die bisherige Integrationsdebatte in der Bevölkerung entstanden sind, durch die Konfrontation mit biographischen Realitäten von Soldaten mit Migrationshintergrund zu dekonstruieren bzw. zu relativieren. *Das Ziel der Initiative besteht daher darin, einen konstruktiven Impuls zur differenzierten Erweiterung der derzeitigen Integrationsdebatte zu geben und gegebenenfalls zu einem gesamtgesellschaftlichen ‚Umdenken' beizutragen.*

Im Mittelpunkt der Initiative steht eine ‚hohe Integrationsbereitschaft', die jede Soldatin und jeder Soldat mit Migrationshintergrund verkörpert; sie macht das besondere Profil des Projekts aus. Der geleistete Eid ist unmissverständlicher Ausdruck dafür, dass sich diese Personengruppe nicht nur mit den Normen und Werten ihrer deutschen Heimat identifiziert, sondern auch dazu bereit ist, im schlimmsten Fall für Deutschland ihr Leben zu lassen. Bei der Auseinandersetzung mit den Biographien einzelner Soldatinnen und Soldaten mit Migrationshintergrund geht es zudem darum, auf die mittlerweile tatsächlich bestehende Vielfalt bei den deutschen Streitkräften als ‚Spiegel der Gesellschaft' aufmerksam zu machen.

Der Verein versteht sich als konservative Initiative. Anders als die meisten Beiträge aus dem konservativen Spektrum geht es dem Verein jedoch darum, positive Aspekte und Chancen der zunehmenden Vielfalt innerhalb der deutschen Gesellschaft zu fokussieren und nicht nur Problembereiche und vermeintliche Gefahren zu thematisieren. Die Initiative versteht sich weder als ‚Sprachrohr' noch als ‚Instrument' zur Nachwuchsgewinnung des BMVg. Gleichermaßen erhebt sie nicht den Anspruch einer allgemeinen Repräsentation der Gesamtheit von Soldatinnen und Soldaten mit Migrationshintergrund in den deutschen Streitkräften. Hauptadressat der ‚Botschaft' sind nicht die Streitkräfte, sondern die deutsche Gesamtgesellschaft, denn nur in einem umfassenden und öffentlichen Diskurs besteht die

Chance, die hochgesteckten Ziele des Vereins zu erreichen. Zu diesem Zwecke arbeitet der Verein zwar eng mit akademischen Einrichtungen und Institutionen zusammen, jedoch wird weder der Anspruch auf Wissenschaftlichkeit erhoben noch geht es im Fokus darum, neue wissenschaftliche Erkenntnisse zu generieren.

Wer sich ausführlicher mit dem Projekt befassen möchte, findet weitere Informationen, Aktuelles und Fotos auf der folgenden Website: www.deutschersoldat.de oder kann sich direkt unter: kontakt@deutschersoldat.de an den Verein wenden.

4 Von Unterschieden in der Einheit: Muslimische Grundwehrdiener im Österreichischen Bundesheer

Ulrich Krainz

Vorbemerkung

Was die Berücksichtigung von kultureller und religiöser Vielfalt in militärischen Organisationen betrifft, nimmt Österreich eine interessante Sonderstellung ein. So wird man von Seiten des Österreichischen Bundesheeres auch nicht müde zu betonen, dass man bereits eine lange historische Tradition in der Einberufung und Einsetzung von Angehörigen unterschiedlicher Volksgruppen und Religionsgemeinschaften hat. Die Armee der österreichisch-ungarischen Monarchie bestand aus katholischen, griechisch-orthodoxen, griechisch-katholischen, evangelischen, jüdischen und, nach der Besetzung von Bosnien-Herzegowina im Jahre 1878, auch aus muslimischen Soldaten (Allmayer-Beck/Lessing 1989). Das Militär übte daher eine wesentliche Funktion bei der Eingliederung und Integration neuer Bevölkerungsgruppen in die österreichisch-ungarische Monarchie aus. Dieses historische Integrationskonzept unterscheidet sich von der gegenwärtigen Situation allerdings wesentlich, da die Regimenter beinahe ausschließlich kulturell homogen aufgestellt waren. Jede Religionsgemeinschaft hatte ihr eigenes Regiment, versehen mit je eigenen Aufgaben und sogar unterschiedlichen Uniformen. Die muslimischen Regimenter wurden damals ‚die Bosniaken' genannt (vgl. Schachinger 1994).

Die gegenwärtige Situation inter- und multikultureller Streitkräfte sieht jedoch anders aus. Dies hängt vor allem mit einem spezifischen Verständnis von Integration zusammen, das auf *diversity management*, Heterogenisierung des Arbeitsbetriebs und ‚Durchmischung' setzt und nicht auf Trennung und Homogenisierung. Kulturhomogene Regimenter bzw. rein muslimische Truppen – wie es die Bosniaken darstellten – würden dem heutigen Integrationsgedanken widersprechen.

Der Artikel nimmt Bezug auf die empirischen Ergebnisse eines Forschungsprojekts (Krainz 2009),[7] das sich zum Ziel gesetzt hat, handlungsleitende kollektive Orientierungen junger muslimischer Männer der sogenannten zweiten Generation hinsichtlich ihrer kulturellen Integration zu rekonstruieren. Untersucht wurde dies am Beispiel des Österreichischen Bundesheeres sowie des Zivildienstes, d. h. bei der Ableistung der staatsbürgerlichen Pflicht jedes männlichen und für tauglich befundenen Österreichers. Die Daten wurden mittels Gruppendiskussionsverfahren, einem qualitativen Erhebungsverfahren der rekonstruktiven Sozialforschung, erhoben. Insgesamt wurden sieben Gruppendiskussionen geführt, fünf beim Österreichischen Bundesheer, sowie zwei mit muslimischen Zivildienern. Alle Gruppendiskussionen wurden im Rahmen der dokumentarischen Methode der Textinterpretation (Bohnsack 2008) analysiert.

Ergebnisse

Die Analyse des Datenmaterials machte zwei Grundprobleme sichtbar. Zum einen geht es den jungen muslimischen Männern um das Verhältnis zwischen ihrem eigenen religiösen Hintergrund und der vorherrschenden religiösen und kulturellen Praxis. Zum anderen geht es um das Verhältnis zwischen ihnen als Personen mit Migrationshintergrund (den allochthonen) und den ‚anderen' (den autochthonen) Österreichern. Beide Problemstellungen, religiöser Hintergrund und Migrationshintergrund, haben ein diskriminierendes Potenzial, da sie die Population in eine Wir- und in eine Sie-Gruppe trennen. Diese Differenzerfahrungen werden von den interviewten Personen nicht nur erlebt, sondern im Laufe der Gruppendiskussionen auch selbst (re-)produziert und hergestellt.

Bei der Untersuchung wurde deutlich, dass Fragen der Berücksichtigung von Diversität beim Bundesheer weit ‚dringlicher' aus-

---

7 Die Ergebnisse der Untersuchung werden auch anderenorts dargestellt und diskutiert (vgl. Krainz/Slunecko 2011; Krainz 2012). Bei den folgenden Analysen und Überlegungen handelt es sich um Auszüge, die in detaillierter und umfangreicher Form auch an anderer Stelle nachzulesen sind (vgl. insbesondere Krainz 2012: 198-211).

fallen als das beim Zivildienst der Fall ist. Die beiden Forschungsfelder unterscheiden sich nämlich in Bezug auf zwei wesentliche Aspekte: (1) Junge muslimische Männer werden beim Bundesheer mit Erwartungshaltungen konfrontiert, die ihre soziale Identität bzw. ihr Moslem-Sein betreffen. (2) Junge muslimische Männer beim Bundesheer berichten von einem Gefühl des sozialen Ausschlusses und einer ungerechten Behandlung sowohl seitens der nichtmuslimischen Kameraden als auch seitens des Personals. Die muslimischen Zivildiener erleben weder bestimmte Erwartungshaltungen über sich als kulturelle Gruppe noch sind sie mit Diskriminierungen konfrontiert.

Es bietet sich an, das Militär unter dem Gesichtspunkt einer ‚totalen Institution‘ (Goffman 1973; Foucault 1994) zu diskutieren. Erst die genaue Betrachtung einer solchen spezifischen Sozialstruktur macht die organisationalen und systemimmanenten Konfliktfelder, die bei der Berücksichtigung von kultureller Vielfalt in militärischen Organisationen eine Rolle spielen, ersichtlich und nachvollziehbar.

Das Militär als totale Institution

Folgt man Autoren wie Goffman (1973) und Foucault (1994), zeigt sich mit dem Forschungsfeld Militär eine sogenannte ‚totale Institution‘. Damit sind vor allem Kasernen, Gefängnisse, Klöster, Heime etc. gemeint, Institutionen, in denen eine Aufhebung der sozialen Ordnung der Lebensbereiche besteht. Alle Aktivitäten finden in der unmittelbaren Gemeinschaft mit Anderen, an der gleichen Stelle und unter ein und derselben Autorität statt. Darüber hinaus zeigt sich eine deutliche Trennung zweier Personengruppen, welche als ‚Personal‘ und ‚Insassen‘ bezeichnet werden. Die ‚Insassen‘, hier die Wehrdienstleistenden bzw. Grundwehrdiener, müssen eine beträchtliche Zeit in der Institution verbringen und erleben eine starke Beschränkung des sozialen Kontakts mit der Außenwelt, weshalb das Bundesheer für sie einen allumfassenden – totalen – Charakter annimmt. Der Zivildienst stellt demgegenüber eine ‚normale‘ Institution dar, in der nur ein bestimmter Teil der Zeit und der Interessen der Mitglieder in Anspruch genommen wird. Es steht somit auch der Vergleich des Umgangs mit kultureller Diversität in zwei verschiedenen Arten von

Institutionen zur Verfügung. Aus diesem Grund zeigen sich auch unterschiedliche Prioritäten und Problemfelder im Integrationsdiskurs.[8]

Der Zivildienst wird in den Gruppendiskussionen häufig als „Job"[9] oder „Arbeit" usw. beschrieben, bei dem auch Vergleiche aus bisherigen Beschäftigungsverhältnissen angestellt werden. Themen wie spezielle Ernährung oder die Einhaltung von Gebetszeiten usw. kommen – im Gegensatz zu den muslimischen Rekruten – nie von selbst zur Sprache, sondern erst nach entsprechendem Nachfragen. Der Grund liegt in der Offenheit der Institution bzw. einem Ablauf des Arbeitsbetriebes, der mehr Freiräume zulässt (*„Ich geh mir dann halt in der Pause etwas kaufen."; „Ich esse dann einfach zuhause etwas."*). Den Rekruten beim Bundesheer ist es hingegen nicht möglich, über ihre Pausengestaltung frei zu verfügen und sich außerhalb des regulären Dienst- und Kasernenbetriebes etwas zu essen zu kaufen. Sie müssen sich an den Gegebenheiten und Möglichkeiten der totalen Institution orientieren.

Erwartungshaltungen und die Sicht der Anderen

Das Bundesheer ist ein soziales System, in dem Personen mit einem muslimischen Hintergrund als solche auch kenntlich werden. Das Erkennen bezieht sich dabei aber nicht nur auf das äußere Erscheinungsbild (dunklere Haut- und Haarfarbe etc.), sondern auf die ‚Privilegien', die ihnen beim Bundesheer zugesprochen werden (z. B. die Einhaltung der Gebetszeiten, spezielle Verpflegung usw.).

Dass es Sonderregelungen für muslimische Rekruten gibt, ist auf die Kooperation des Österreichischen Bundesheeres mit der Islamischen Glaubensgemeinschaft in Österreich (IGGiÖ), der offiziellen Vertretung der Muslime in Österreich, zurückzuführen. Auf

---

8   Hier ist anzumerken, dass in der Studie lediglich Zivildiener im Innendienst interviewt wurden. Es ist anzunehmen, dass beispielsweise Sanitäter und Zivildiener mit anderen Aufgaben im Außendienst einen anderen Erfahrungsraum aufweisen.

9   Die ausgewählten Zitate aus den Gruppendiskussionen werden in weiterer Folge kursiv dargestellt.

Wunsch der Glaubensgemeinschaft wurde auch eine Binnendifferenzierung eingeführt, die zwischen ,nicht streng gläubigen', ,streng gläubigen' und ,besonders streng gläubigen' muslimischen Rekruten unterscheidet.[10] Das dafür notwendige offizielle Dokument, welches über die Strenggläubigkeit entscheidet, muss von den stellungspflichtigen muslimischen Männern (in der Regel sind diese zwischen 17 und 18 Jahre alt) bei der Islamischen Glaubensgemeinschaft abgeholt und bereits bei der Stellungskommission bzw. Musterung abgegeben werden. Die Einteilung in eine dieser drei Moslem-Kategorien muss somit von den muslimischen Männern bereits vor Antritt ihres Dienstes selbst vorgenommen werden. Muslimische Männer, die kein Dokument abgeben, gelten während ihres Bundesheerdienstes automatisch als ,nicht streng gläubig'. Diese Regelung ist den meisten Einrückenden gar nicht bekannt und wenn, sind sie nicht ausreichend über die jeweiligen Konsequenzen informiert. Die drei verschiedenen Arten des Moslem-Seins haben nämlich unterschiedliche Folgen für den Arbeitsbetrieb. Streng und besonders streng gläubige Muslime bekommen hauptsächlich Aufgaben im Innendienst (Stabskompanie, Küche usw.) zugeteilt, wo sie allen religiös bedingten Vorschriften nachkommen können. Besonders streng gläubige Rekruten dürfen darüber hinaus während ihres Grundwehrdienstes einen Vollbart tragen. Nicht streng gläubige Rekruten werden überall in der Kaserne eingesetzt und haben lediglich ein Anrecht auf eine schweinefleischlose Verpflegung. Das Freitagsgebet dürfen nicht streng gläubige Rekruten nur dann aufsuchen, wenn es sich mit ihrem Einsatzbereich vereinbaren lässt. Durch diese Trennung verspricht man sich vor allem einen ,reibungslosen' Regulärbetrieb, da in totalen Institutionen auch die wesentlichen Bedürfnisse der Insassen vorgeplant werden müssen.

Diese Differenzierung in Subsysteme reduziert zwar Komplexität (Luhmann 1984), streng gläubige Muslime werden aber dadurch zur Umwelt der nicht streng gläubigen Muslime (und umgekehrt), eine Trennung, die von allen interviewten Rekruten kommentiert und

---

10 Die gesetzlichen Regelungen zur *Behandlung religiöser Minderheiten* beim Österreichischen Bundesheer finden sich im aktuellen Verlautbarungsblatt I des Bundesministeriums für Landesverteidigung vom 25. September 2006 (BMLV-Verlautbarungsblatt I Nr. 53).

als falsche Einschätzung kritisiert wird. Da die eingeführten Zugeständnisse für Muslime in Kooperation mit einer offiziellen Glaubensgemeinschaft getroffen werden, haben diese auch einen stark normativen Bezug, welcher der konkreten religiösen und lebensweltlichen Praxis der muslimischen Rekruten nicht immer entspricht. Die für das Bundesheer folgenden Annahmen und Konsequenzen, dass z. B. nur streng Gläubige sich für die Einhaltung des Ramadans oder für das Freitagsgebet interessieren, dies daher auch nur diesem Personenkreis vorbehalten sein soll, wird von den interviewten Rekruten selbst abgelehnt und als falsche Auffassung kritisiert.

Diese Unzufriedenheit der Rekruten hängt mit den spezifischen Dynamiken der Präsentation und Repräsentation kultureller Diversität zusammen (vgl. Broden/Mecheril 2007; Castro Varela/ Dhawan 2007). In modernen Gesellschaften braucht jede Form von Unterschiedlichkeit, will sie sich Gehör verschaffen und Anerkennung erlangen, einen offiziellen Ansprechpartner bzw. eine gesellschaftspolitische Vertretung. Hierbei handelt es sich nicht nur um eine symbolische Politik der Anerkennung, sondern um konkrete rechtliche Regelungen und Normen, die auch darüber Auskunft geben, wem, was, wo, wie oft usw. zusteht. Als ein solcher Vermittlungsprozess generiert aber jede Form der Repräsentation und Vertretung kultureller Diversität (auch, oder gerade die einer offiziellen Glaubensgemeinschaft) zwangsläufig eine „Kluft zwischen Original und Kopie" (Castro Varela/Dhawan 2007: 34). Repräsentationen sind somit immer Verkürzungen, selbst dann wenn es sich um eine „authentische Stimme" (Castro Varela/Dhawan 2007: 39) handelt, wie z. B. Glaubensgemeinschaften, MigrantInnenvereine, usw., also um Personen, bei denen man annehmen könnte, dass sie wissen, wovon sie sprechen. Jede Repräsentation steht vor der Herausforderung, den konkreten lebensweltlichen Praxen der zu Repräsentierenden gerecht zu werden, da dadurch Kultur oder Religion (implizit wie explizit) als etwas Stabiles, Starres und Unveränderliches betont wird. So stellt in den Gruppendiskussionen der religiöse Hintergrund zwar das zentrale Thema dar, von dem sich auch kaum ein muslimischer Rekrut explizit distanziert, es zeigen sich allerdings große Unterschiede bzw. unterschiedliche Prioritätensetzungen, was die Einhaltung und Ausführung religiöser Gebote betrifft. Die Bereitschaft, während des Ramadan zu fasten, zu beten oder keinen Alkohol zu trinken usw., ist unterschiedlich ausgeprägt. Lediglich bei der Einhaltung der Ernährungsvorschrift, kein Schweinefleisch zu essen, herrscht Einigkeit.

Aufgrund der eingeführten Differenzierung in ‚nicht streng‘, ‚streng‘, und ‚besonders streng gläubig‘ kommt es in weiterer Folge zu strukturellen Fremdbestimmungen und gleichzeitig zu Erwartungshaltungen, die alle Bereiche betreffen, die für muslimische Rekruten als relevant erachtet werden. Seitens des Bundesheeres als Institution bestehen daher bereits vorgefasste Annahmen und Fremdzuschreibungen, was es heißt, Moslem zu sein, bzw. welche Bedürfnisse muslimische Rekruten haben. Diese Annahmen werden auch als legitim angesehen, da die Empfehlungen immerhin von einer offiziellen Glaubensgemeinschaft stammen. Muslimische Rekruten erhalten dadurch eine eigene soziale Identität, indem sie als Vertreter einer bestimmten Kategorie, mit sozialen Rollen, spezifischen Attributen und Eigenschaften ausgestattet, aufgefasst werden. Diese Zuschreibungen und Erwartungen charakterisieren somit eine – wie Goffman (1975: 10) es nennt – „virtual social identity“, die darüber Auskunft gibt, wie eine Person entsprechend unserer Annahmen sein sollte. Davon unterschieden ist die „actual social identity“, d. h. die realisierten und tatsächlich vorhandenen Eigenschaften und Merkmale.

Diese Voreinteilungen und Vorannahmen bergen jedoch nicht weniger, sondern erhöhtes Konfliktpotenzial. Weicht das Verhalten der Rekruten von diesen Erwartungen ab, d.h. besteht eine Diskrepanz zwischen der „virtual“ und der „actual social identity“, führt das zu Ärger seitens des Bundesheerpersonals. Dies zeigt sich besonders in jenen Situationen, in denen die Rekruten eingeführte Angebote für Muslime nutzen möchten, sich jedoch in der falschen Moslem-Kategorie wiederfinden (*„Nein, nur streng Gläubige gehen Beten in die Moschee!“*) bzw. sich in ihrer dienstfreien Zeit anders als angenommen verhalten (*„Wie kannst du Moslem sein, wenn du gestern gesoffen hast!“*). Muslimische Rekruten sehen sich demnach mit einer Situation konfrontiert, die sich durch spezifische Anforderungen, Mutmaßungen und Fremdzuschreibungen auszeichnet. Taylor (1994: 25) beschreibt diesen Zustand als „Verkennung“ („misrecognition“) der eigenen Identität, indem von ‚außen‘ bzw. von anderen Personen bestimmt wird, wie jemand zu sein hat, sich verhalten soll und welche Bedürfnisse jemand zu haben hat.

Dadurch wird eine Dialektik von Freiheit und Zwang ersichtlich, bei der nach Einführung der Zugeständnisse für muslimische Rekruten ‚unscharf‘ wird, ob es sich bei diesem Entgegenkommen nun um ein Recht oder doch um eine Pflicht handelt. Sind sämtliche Maßnahmen getroffen, wirken diese wie eine Auflage bzw. Verpflichtung, sich daran auch zu orientieren. Einmal eingeführt haben sie einen bindenden Charakter. Wenn die vorgefertigten Annahmen über das Moslem-Sein (z. B. ‚Moslems trinken keinen Alkohol.‘; ‚Den Ramadan wollen nur streng Gläubige einhalten‘ usw.) den tatsächlichen Gegebenheiten vor Ort (d. h. im Kasernenbetrieb) widersprechen, wird, anstatt diese Vorstellungen zu verändern, die jeweilige Person kritisiert. Damit ‚zwingt‘ man Betroffene aber auch in ein bestimmtes Bild, nach dem sich diese zu verhalten haben.

Kommunizierter Unterschied

In allen Gruppendiskussionen beim Bundesheer erzählen die interviewten Personen von erlebten Diskriminierungen aufgrund ihrer Religion, aber vor allem aufgrund ihres Migrationshintergrunds. Diese Diskriminierungen stammen sowohl von nichtmuslimischen Kameraden als auch vom Personal. Während die interviewten Zivildiener lediglich von möglichen und hypothetischen Situationen berichten (*„Wenn jemand zu mir etwas sagen würde, dann …“*), erzählen alle Bundesheergruppen von tatsächlichen, persönlichen Erlebnissen.

Während die Auseinandersetzungen mit den nichtmuslimischen Kameraden im Bundesheer als direkte und offene Konflikte beschrieben werden (*„Man wird einfach verarscht, weil wir Moslems sind, weil wir kein Schweinefleisch essen dürfen.“*; *„Kameltreiber!“* usw.), treten Spannungen und Probleme mit dem Personal meistens eher ‚versteckt‘ und indirekt auf. Dies liegt ebenfalls in einem Merkmal totaler Institutionen begründet. Goffman (1973) beschreibt die soziale Ordnung innerhalb solcher Institutionen als eine fundamentale Trennung zwischen Personal und Insassen, bei der selbst der Kontakt miteinander durch eine formelle und vorgeschriebene soziale Distanz geregelt ist. Konflikte mit dem Personal können daher nicht offen ausgetragen und ausgehandelt werden, da es innerhalb totaler Institutionen eine starke hierarchische Ordnung gibt und die Kommunikationslinien top-down (Befehl) bzw. bottom-up (Meldung) verlaufen (‚Der eine befiehlt, der andere führt aus.'; ‚Der eine spricht, der andere hört zu.' usw.). Diskriminierungen werden in drei verschiedenen Formen erlebt:

(1)   Indirekte Benachteiligungen: Die interviewten Teilnehmer fühlen sich aufgrund ihres Migrationshintergrunds bei der Verteilung von Aufgaben indirekt benachteiligt. Ihnen würde man schlechtere und anstrengende Aufgaben zuteilen, während die „*richtigen Österreicher*" bevorzugt werden.

(2)   Hervorhebung des Migrationshintergrunds: Die Diskussionsteilnehmer erleben immer wiederkehrende Betonungen der eigenen Fremdheit und Verweise auf den Migrationshintergrund von Seiten des Bundesheerpersonals („*Ruhe da, wir sind nicht am Balkan!*"; „*Wenn einem das Bundesheer [hier] nicht gefällt, solltet ihr wieder in die Heimat zurückkehren!*"; „*Das ist eine österreichische Uniform, also sprich auch deutsch!*" usw.).

(3)   Verallgemeinerungen: Die interviewten Rekruten sehen sich mit Generalisierungen konfrontiert, die in den unterschiedlichsten Zusammenhängen getroffen werden („*Ja und dann heißt's immer, das sind die Moslems, die vom Süden kommen, ja, die stehlen dies und das!*"; „*Immer die Türken immer die Owezahrer, das kenn ma schon!*" usw.)

Es wird deutlich, dass diese Situation und die „Art und Weise, wie Kommunikation auf Menschen zugreift" (Nassehi 1997: 121), das Bild einer Nicht-Zugehörigkeit von Personen mit Migrationshintergrund festigt und verstärkt. Sie sind zwar in das Bundesheer inkludiert (sie erledigen die Arbeiten, leisten ihren Dienst usw.), werden aber dort mitunter als ‚fremd' oder als ‚anders' gesehen und thematisiert. In den Gruppendiskussionen lässt sich das vor allem in den verwendeten Formulierungen wiederfinden, wenn über das Österreicher-Sein gesprochen wird. Auf der einen Seite gibt es die *„echten"*,

„*wahren*" und „*reinen Österreicher*". Für Rekruten mit Migrationshintergrund fällt das Österreicher-Sein nur ‚unecht‘, ‚unwahr‘ oder ‚unrein‘ aus („*Wir sind auch irgendwie amtliche Bürger.*"; „*Wir sind schon eigentlich auch Österreicher.*" usw.). Dadurch konstituiert sich eine Situation, in der die Grenzen zwischen „Etablierten" und „Außenseitern" (Elias/Scotson 1993: 7) bzw. zwischen einer Wir- und einer Sie-Gruppe (neu) aufgezogen werden, deutlicher ausfallen und darüber hinaus auch stabilisiert werden.

Anpassungsleistungen muslimischer Grundwehrdiener

Wie gehen muslimische Rekruten mit den erlebten Fremdzuschreibungen und Diskriminierungen um? Grundsätzlich wird eine passive und unterordnende Haltung der interviewten Personen ersichtlich. Widerstand zeigt sich lediglich in Form erhöhter Selbstbestimmungsansprüche („*Keiner kann dich zu etwas zwingen ...*" etc.), die jedoch alle theoretisch und rhetorisch bleiben und zu keinerlei Aktionen oder Taten führen. Insgesamt zeigen sich drei Formen des Umgangs mit der Situation:

(1)   Anpassung durch Unterordnung: Die Rekruten zeigen eine hohe Anpassung an die Normen der jeweiligen Situation. Sie sind „*brav*", „*korrekt*" und verhalten sich, „*wie es sich gehört*", um keinen neuen Zündstoff bzw. Anlass für eine negative Imagebildung zu geben.

(2)   Anpassung durch Identifikation: Hierbei handelt es sich um eine unbewusste Übernahme von Werten, Verhaltensweisen und Machtsymbolen eines Aggressors, um mit der jeweiligen (angsterregenden) Situation besser zurechtzukommen. Anna Freud spricht in diesem Zusammenhang auch von einem Abwehrmechanismus, den sie als „Identifizierung mit einem Angreifer" (Freud 2006 [1936]: 109) bezeichnet. So zeigen sich die muslimischen Rekruten zwar enttäuscht, dass sie nicht zum Freitagsgebet gehen dürfen, da sie sich beim Bundesheer in der ‚falschen‘ Moslem-Kategorie wiederfinden. Man würde dies aber auch gutheißen und verstehen, da man im Dienst nicht niedere, sondern ehrenvolle Aufgaben erledigen möchte

(*„Ich will meine Zeit nicht mit Scheißhausputzen und Küche verbringen! (...) Ich will in die Ehrenkompanie, ich will exerzieren (...) und so weiter."*). An vielen Stellen der Gruppendiskussionen wird Kritik an den an sie gestellten Einschätzungen und Erwartungshaltungen geäußert, die aber gleichzeitig wieder relativiert wird, so als könne man auch verstehen und nachvollziehen, weshalb einem bestimmte Dinge verwehrt bleiben (*„Aber eigentlich sind wir eh zu verwöhnt."; „In Ägypten oder Türkei ist es [das Militär] viel härter!"; „Wir sollten nicht vergessen, dass wir hier nicht in der Türkei sind, sondern in Österreich und in keinem muslimischen Staat. (...) Trotzdem bekommen wir moslemtaugliches Essen."*). Diese Reaktionen können als Schutzmechanismen interpretiert werden, um mit den Handlungseinschränkungen und Fremdeinschätzungen der aktuellen Situation umgehen zu können.

(3)   Rettung der Situation als ‚moralischer Gewinn': Ist man von einer Gruppe ausgeschlossen, kann die eigene Situation von den Betroffenen bestenfalls als ein ‚moralischer Gewinn' uminterpretiert werden. So wird man zwar von den autochthonen Personen abgelehnt und als nicht zugehörig aufgefasst, die Wir-Gruppe zeichnet sich jedoch ohnehin durch bessere Qualitäten aus. Die muslimischen Rekruten erzählen dann von *„Gemeinschaftlichkeit"*, *„Zusammenhalt"*, *„Religiosität"* und *„Respekt"*, positive Qualitäten, die lediglich der eigenen Gruppe vorbehalten sind und den anderen aberkannt werden. Diese Höherstellung der eigenen Gruppe ermöglicht in weiterer Folge auch die Ablehnung der Sie-Gruppe – eine „Gegenstigmatisierung" (Elias/Scotson 1993: 15), die das Machtgefälle wieder etwas relativiert und die Gesamtsituation ausgeglichener erscheinen lässt.

Resümee

Dieser Beitrag gibt einen Einblick in die Situation junger muslimischer Männer beim Österreichischen Bundesheer und zeigt, dass Problemfelder und Konflikte im Integrationsdiskurs nicht nur mit Eigenschaften und Merkmalen verschiedener kultureller Verhaltensweisen, sondern zu einem großen Teil mit der Sozialstruktur unterschiedlicher Institutionen zusammenhängen. Je religiöser ein Mensch ist, d. h. je normativer er die Gebote und Regeln seiner Religion auslegt, desto schwieriger erweist sich auch seine Situation. Durch den Vergleich der zwei Erfahrungsräume Bundesheer und Zivildienst wird jedoch ersichtlich, dass dieses Ergebnis auch im Zusammenhang mit dem Grad der Totalität einer Institution zu sehen ist. Je geschlossener sich die Institution präsentiert, desto mehr wird Religiosität in diesem Sinn auch zu einem ‚Problem', da sie Sonderregelungen benötigt, die den normalen und üblichen Arbeitsablauf der Institution stören.

Das Militär ist ein stark hierarchisch organisiertes System, das sich in seiner operativen Logik nicht an individuellen Bedürfnissen orientieren kann. Im Gegenteil, es sollen Gleichtaktung, Synchronerregung und Uniformität hergestellt werden. Totale Institutionen zeichnen sich durch die Tendenz zur ‚Gleichmachung' aus, da sie Individualität in Kollektivität überführen möchten. Hier zeigt sich eine paradoxe Situation für moderne und multikulturelle Streitkräfte. Zwar sind Orientierungen an individuellen Bedürfnissen von ihrem Selbstverständnis her nicht vorgesehen, aufgrund der Abgeschlossenheit und der sozialen Dichte der Institution treten kulturelle und religiöse Unterschiedlichkeiten der Institutionsmitglieder aber deutlicher hervor als das bei offeneren Institutionen der Fall ist. Aus Integrationssicht macht dies ein Widerspruchsmanagement erforderlich. Es zwingt die totale Institution Bundesheer, auf bestimmte Individual- und Minderheitenbedürfnisse einzugehen und den Umgang mit kulturellen Unterschieden und religiösen Bedürfnissen in ihren Tagesablauf einzuplanen.

Bundesheer und Zivildienst unterscheiden sich daher hinsichtlich zweier wesentlicher Aspekte. Erstens zeigen sich beim Bundesheer Konflikte im Arbeitsbetrieb, da muslimische Rekruten mit Erwartungshaltungen konfrontiert werden, die ihre muslimische Identität betreffen. Zweitens berichten muslimische Rekruten von einem Gefühl des sozialen Ausschlusses und einer ungerechten Behandlung, sowohl seitens der nichtmuslimischen Kameraden als auch seitens des Personals. Beim Zivildienst werden keine Diskriminierungen erlebt, und es gibt keine offiziellen Unterscheidungen zwischen muslimischen und nichtmuslimischen Mitarbeitern, da damit auch keine Sonderregelungen und andere Maßnahmen, die vom Regulärbetrieb abweichen, verbunden sind. Dadurch treten auch die an sie gerichteten Anforderungen, Erwartungen und Annahmen in den Hintergrund, was ein konfliktfreieres Arbeiten erleichtert.

Beim Bundesheer kommen die Erwartungshaltungen über das Moslem-Sein aber nicht trotz, sondern gerade wegen der Versuche eines *diversity managements* zustande. Der Umgang mit Diversität und eine Berücksichtigung kultureller Bedürfnisse muss strukturell erst geschaffen werden, was den Rückgriff auf oftmals verkürzte Informationen, Vorannahmen oder Vorurteile über die jeweiligen Personengruppen notwendig macht. Im Falle muslimischer Grundwehrdiener geschieht dies in dreifacher Weise nach ‚nicht streng‘, ‚streng‘ und ‚besonders streng gläubigen Muslimen‘ sogar auf eigenen Wunsch der Islamischen Glaubensgemeinschaft in Österreich (IGGiÖ) – in keiner anderen Institution findet eine Klassifizierung von Muslimen in einer derartigen Deutlichkeit statt. Solche Einteilungen bergen allerdings gleichzeitig die Gefahr, dass Vorannahmen und Vorurteile gefestigt werden und damit Diskriminierungen der Betroffenen begünstigen.

Mit dem Versuch, Diversität zu berücksichtigen, sehen sich moderne Streitkräfte vor die Herausforderung gestellt, allen an sie herangetragenen Bedürfnissen nach kulturellen und religiösen Unterschieden gerecht zu werden. Sie werden dabei immer wieder an systemimmanente Grenzen und Schwierigkeiten der eigenen – totalen – Arbeitsorganisation stoßen. Dabei wird auch deutlich, dass (kulturelle) Integration nicht als ein abzuschließender Prozess angesehen werden kann, sondern vielmehr als ein ständiges Bemühen und Balancieren der Widersprüche zur Aufrechterhaltung des Systems.

Literatur

Allmayer-Beck, Johannes, Christoph/Lessing, Erich (1989). Die K.u.K. Armee. 1848-1918. München: Bertelsmann Verlag.

BMLV-Verlautbarungsblatt I Nr. 53 (2006). Verlautbarungsblatt I des Bundesministeriums für Landesverteidigung. Dienstbetrieb: Behandlung religiöser Minderheiten – Einberufung und Verwendung. Zusammenfassende Richtlinien – Neufassung. Erlass vom 30. August 2006, GZ S93109/9-FGG1/2006.

Bohnsack, Ralf (2008). Rekonstruktive Sozialforschung. Einführung in qualitative Methoden. Opladen: Leske & Budrich.

Broden, Anne/Mecheril, Paul (2007). Re-Präsentationen. Dynamiken der Migrationsgesellschaft. Düsseldorf: IDA-NRW.

Castro Varela, Maria do Mar/Dhawan, Nikita (2007). Migration und die Politik der Repräsentation. In: Broden/Mecheril (Hg.) 2007: 29–46.

Elias, Norbert/Scotson, John L. (1993). Etablierte und Außenseiter. Frankfurt am Main: Suhrkamp.

Foucault, Michel (1994). Überwachen und Strafen. Die Geburt des Gefängnisses. Frankfurt am Main: Suhrkamp.

Freud, Anna (2006[1936]). Das Ich und die Abwehrmechanismen. Frankfurt: Fischer am Main.

Goffman, Erving (1973). Asyle. Über die soziale Situation psychiatrischer Patienten und anderer Insassen. Frankfurt am Main: Suhrkamp.

Goffman, Erving (1975). Stigma. Über Techniken der Bewältigung beschädigter Identität. Frankfurt am Main: Suhrkamp.

Heitmeyer, Wilhelm (Hg.) (1997). Was hält die Gesellschaft zusammen? Frankfurt am Main: Suhrkamp, 113–148.

Krainz, Ulrich (2009). Zur Problematik kultureller Integration – Kollektive Orientierungen junger muslimischer Männer der zweiten Generation am Beispiel des Wehr- und Wehrersatz-dienst Österreichs. Diplomarbeit, Universität Wien.

Krainz, Ulrich (2012). Zur Problematik kultureller Integration. Junge muslimische Männer beim Österreichischen Bundesheer und Zivildienst. Marburg: Tectum Verlag.

Krainz, Ulrich/Slunecko, Thomas (2011). Negotiating Cultural Differences in a Total Institution: Muslim Conscripts in the Austrian Armed Forces. In: Menke/Langer (Hg.) 2011: 105–135.

Menke, Iris/Langer, Phil C. (Hg.) (2011). Muslim Service Members in Non-Muslim Countries. Experiences of Difference in the Armed Forces in Austria, Germany and The Netherlands (FORUM International 29). Strausberg: SOWI.

Luhmann, Niklas (1984). Soziale Systeme. Grundriss einer allgemeinen Theorie. Frankfurt am Main: Suhrkamp.

Nassehi, Armin (1997). Inklusion, Exklusion – Integration, Desintegration. Die Theorie funktionaler Differenzierung und die Desintegrationsthese. In: Heitmeyer (Hg.) 1997: 113–148.

Schachinger, Werner (1994). Die Bosniaken kommen! Elitetruppe in der K.u.K. Armee. 1879–1918. Graz: Leopold Stocker Verlag.

Taylor, Charles (1994). Multiculturalism. Examining the Politics of Recognition. Princeton, N.J.: Princeton University Press.

5   Coping with Diversity in the Canadian Armed Forces: Implications for Civil-Military Relations

Christian Leuprecht

Introduction

In much of the world, minorities are touted as a fifth pillar. The nature and extent of their representation in the security sector in general, and the armed forces in particular, thus become a litmus test of sorts for just how democratic a society really is. On the one hand, democratic countries profess liberty, equality and justice; one the other hand, they experience an inordinate amount of difficulty practicing what they preach when it comes to their own public institutions, especially their armed forces. Although diversity in the Canadian Forces (CF) remains problematic and controversial, on a per capita basis the CF is actually extra-ordinarily representative of society as a whole. This outcome, however, cannot be attributed solely to expeditionary missions since this independent variable is shared by many of Canada's allies. That is, a merely instrumental explanation that accounts for diversity as a function of recruitment pressures due a stepped up operational tempo is insufficient. Instead, diversity in the Canadian Forces is the result of legal-institutional constraints that effectively provide the CF with strong incentives to safeguard its institutional autonomy by remedying under-representation proactively.

This hypothesis is in line with the principal-agent theory of civil-military relations (Feaver 2003): If civil-military relations in liberal democracies are understood as a strategic intervention between self-interested civilian and military actors whose preferences and concerns often diverge, then the nature of a given civil-military relationship is shaped by how effectively civilian and military leaders are able to achieve their respective preferences, and by the degree to which civilians believe that the military is respecting their ultimate right to set defense policy. It turns out that the civilian authority in Canada is equipped with a stick of sufficient size to spurn the military to be proactive for the civilian authority to let the CF retain their institutional autonomy. As a result, the lags are insufficiently large for the civilian authority to interfere. This approach, however, presents an interesting challenge for civil-military relations insofar as it is complicit in the gradual breakdown of the democratic armed forces' model of the citizen-soldier.

Both the nature and extent of societal representation are matters of controversy in civil-military relations. Those who subscribe to Huntington's (1957) view of the armed forces as an institution set apart for a special purpose are inherently weary of compromising the institution's functional imperative. Ergo, they will make the case for exempting the armed forces from rule-of-law provisions with respect to diversity. By contrast, followers of Janowitz (1960) tend to be proponents of proactive diversity policies on the grounds that that the gap between the military and civilian worlds is best bridged through convergence that socializes the military into societal norms and values. Huntington and Janowitz both agreed that the civilian and military worlds differ. They disagreed on what to do about it: Whether to control the difference, or to diminish it. The former view prevails among many of Canada's allies, the United States first and foremost among them. The Canadian Forces, however, have adopted a deliberate strategy of accommodation over exemption. This „strategic posture" vis-à-vis diversity is driven both endogenously by shifting legal-institutional and structural incentives, and exogenously by operational constraints. The Canadian experience is thus illustrative insofar as it broaches a tension that pervades civil-military relations in democracies: Between the need to maintain force cohesion to fulfill the armed forces' functional imperative while living up to governmental and societal expectations of an employer of choice that is expected to model equality of opportunity. With demographic change pervading democratic societies, owing in large part to above-average fertility rates among racialized minorities (as they are officially referred to by the United Nations), painting minorities as part of the „problem" is simply not an empirical option – not in Canada, and not elsewhere. The case of the Canadian Forces shows that the defense of democracy is compatible with its practice.

The Canadian government and elites have articulated Canadian societal expectations in the form of what is quite possibly the most comprehensive constitutional and legal minority-rights regime in the world. As a result, Canadians enjoy exceptional individual and collective constitutional and legal protections. Be it language, religion, phenotype, gender, cultural practice or sexual orientation, legal-constitutional protections are mutually reinforcing in creating a political culture that is tolerant of diversity. Yet, in most liberal democracies, Lockean tolerance is the extent of liberal practice: Neither the state nor others should discriminate, and discrimination is extended to the individual rather than the collective. Canada is different by virtue of the guarantees it offers to collectivities; but Canada is also different by virtue of not limiting itself to a non-discrimination approach. Instead, Canada has enacted proactive accommodationist requirements flowing from its multiculturalism policy and its Employment Equity Act. The ongoing challenge with public institutions in general, and the CF in particular, is that they seem to have a hard time gauging the broader implications of failing to grasp the difference.

Diversity is often thought to be a function of operational requirements. The first section of the chapter explains those requirements and how they are related to the CF. The remainder of the paper shows that diversity is not primarily driven endogenously by the institution itself. The second section shows that while this is true historically, diversity in the CF during the second half of the 20th century and especially over the past two decades has been driven by political and civilian authorities either imposing change through legislation and civilian oversight mechanisms that are meant to ensure institutional compliance. The mechanism by which such change came about, then, meant intervening in the CF, thereby curbing its institutional autonomy so as to make the CF's institution more convergent with the expectations of Canadian society and the government. The third section situates this change in a structural framework, notably as the result of unprecedented demographic change in Canadian society. The section shows that the CF's response to such change has been tepid. Moreover, it contrasts data on women, visible minorities and Aboriginals with those of Francophones to demonstrate the extent to which the CF pursues different institutional logics to remedy under-representation for different groups. The ability to remedy under-representation, as the third section argues, is thus not driven by exogenous constraints – such as visible minorities who are apparently disinclined to join the CF – but rather by differentiated institutional choices and strategies. Change, in other words, has been brought about largely by objective rather than subjective control, through the intervention of political and civilian authorities. To stave off further outside interference, the CF has now adapted a proactive accommodationist and proactive stance in remedying under-representation. But as the last section shows, a growing gap between the pace of demographic and institutional change has deleterious consequences for the model of the citizen soldier.

New Expeditionary Missions: Diversity as a Functional Imperative

The operational benefits that accrue from the accommodation of soft skills such as religion and culture skillsets have grown exponentially in value in a New Security Environment with asymmetric warfare where language, customs, and culture become force multipliers, especially to enable civil affairs and psychological operations. Jenson and Papillon (2001) argue that institutional diversity offers considerable operational advantages as diversity of individual members increases potential skillsets required to respond to postmodern society. Benham Rennick (2011: 28) emphasizes that the postmodern missions of the CF are no longer traditional wars and thus require skillsets that transcend that CF's traditional warrior ethos, including changes in „perceived threat, mission definition, the dominant professional type, public attitudes, media relations, conscientious objectors, and the role of civilian employees, women, spouses and homosexuals".

These new types of missions have required the faith branch of the CF to be knowledgeable of the religious diversity and to display both „cultural sensitivity" and diverse „religious literacy" about the civilian populations that the missions are embedded in (Benham Rennick 2011: 42). They require a diverse problem-solving toolbox filled with „cognitive, technical, and social skills." For example, Taillon (2005/2006: 67-69) outlines that Special Operations Forces (SOF) also bear some responsibility for training and advising foreign militaries, amongst other tasks. He argues that CF soldiers serving in this wing of the CF must be knowledgeable and respectful of foreign cultures if they are to be effective at nation-building and democratization. If officers are not tactful in the socio-cultural context in which they are operating, these officers will be at a disadvantage relative to those officers who have this valuable knowledge and experience in relevant areas. To meet its mission requirements, SOF must thus be able to draw on diverse language skills and abilities. Second-generation Canadians who have been socialized into Canadian norms yet continue to have some of those soft skills, including nuanced norms and social practices, have thus become integral to ensuring mission success. They also make good fiscal sense since they reduce training costs insofar as such individuals need not be „trained up" to master the requisite soft skills for a given mission; and they speed up the ability to deploy and to liaise effectively with locals from the outset.

So, the operating assumptions about visible minorities in the CF are pretty straight forward. First, one might assume that military operations surge the demand for labor, and with the proportion of visible minorities in it on the rise, one would expect to see more visible minorities join the CF. Second, peace enforcement, stabilization, and counter-insurgency require extensive civil-military cooperation in the form of civil affairs and psychology operations. The expansion of civil-affairs and psychological-operations units in recent years testifies to this claim. Under these conditions soft, non-kinetic skills, such as linguistic competence, religious practice, and familiarity with local customs – commonly subsumed as „cultural competence" – are proving indispensable to mission success (Leuprecht 2005). Third since the CF are being sent abroad to help conflicted groups cooperate and cohabit, then it is in the interest of the intervening countries and their forces to practise what they preach and model that to the people on the ground.

During the Afghan mission, for instance, finding CF members who spoke Afghan dialects was nearly impossible, placing the units at a great disadvantage. Ergo, there is a growing need for the language and cultural capabilities of different ethnicities in the CF. In Haiti, mission success was compromised when SOF operators were uncovered by the media as a result of not being able to blend into Haitian society. Taillon (2005/2006: 68-69) emphasizes that SOF missions require each operator to blend into the foreign population while still pursuing the mission at hand and that difficulties in Haiti demonstrate a need for a more multiethnic recruit pool of individuals who can deploy virtually unnoticed in a given country due to their experience and background in that region. Prior knowledge of the country's language and culture through familial heritage and experience is also essential for covert operations.

However, the drivers of diversity turn out to be far more complex – and less instrumental – than that. To be sure, historically, demand for labor during the two world wars drove the Canadian military's initial foray into diversity. But throughout the Cold War the CF were able to meet their demand for labor through normal recruitment. Political and civilian authorities turned out to be the catalyst during that time, not the armed forces. Yet, the CF learned from that experience: They were less than enthusiastic about having their institutional autonomy curtailed. These interventions along with the risk of further interference subsequent to the enactment of Employment Equity Act in 1995, precipitated a shift in strategy from exceptionalism to accommodation.

Policy Drivers of Diversity in the CF

Minority groups have long seen the military as a means to ‚prove their worth‘ in an effort to attain greater social acceptance and inclusion. In effect, a variant of the bridging hypothesis (Browning/Lopreate/Poston 1973) postulates that minorities are particularly likely to benefit from military service as a bridge to enhanced opportunities in life (Gade/Lakhani/Kimmel 1991). Yet, this chapter contends that the reasons for the accommodation of visible minorities in the CF go well beyond mere socialization effects, social mobility or wartime pragmatism. The issue for the CF is no longer whether but how to accommodate. Since the institutional and structural factors that drove change in Canada are increasingly manifesting themselves across Canada's allies (Leuprecht 2009, 2010), there is a strong case to be made that the Canadian experience is both embryonic of what awaits many of Canada's allies and suggestive of the menu of options to deal with those changes.

Historically, the armed forces' approach to diversity in Canada had been shaped by operational demands for labor of an expeditionary force. Women were allowed to serve as nurses as early as 1901. Over the course of two world wars and the Cold War the military gradually removed restrictions on women's service until a decision by the Canadian Human Rights Tribunal in 1989 opened up all ranks and trades to women. Similarly, in the early days of the First World War Francophone volunteers where marshalled into the legendary 22nd Battalion infantry unit to the point where by the Second World War almost 20 percent of the Canadian Army was composed of French Canadians, albeit serving under Anglophone officers. As with women though, changes during the Cold War were endogenously driven, owing to Francophone demands for equal treatment that culminated in the Official Languages Act (1969) which effectively mandates the CF as an officially bilingual federal institution. The situation of Aboriginals parallels that of the women and Francophones insofar as the First World War was crucial in bringing down barriers that prevented them from serving. However, Aboriginals have not been subject to the sort of explicit legislative and legal changes that foisted change on the CF with respect to women and Francophones.

Canada affords standard non-discrimination protections to all Canadians. Section 2a of the CCRF entrenches „freedom of conscience and religion" and Section 15 states that „every individual is equal before and under the law and has the right to the equal protection and equal benefit of the law without discrimination and, in particular, without discrimination based on race, national or ethnic origin, colour, religion, sex, age or mental or physical disability". But Canada's legal-institutional regime goes beyond a robust non-discrimination regime as is now commonplace across democracy. Canadian bilingualism and multiculturalism policies on the one hand, and employment-equity policies on the other hand actually require federal employers to be proactive about remedying underrepresentation and historical disadvantage. Moreover, Canada is unique in the democratic world for enshrining constitutionally the rights of national minorities (English and French), Aboriginals *and* visible minorities. Recent rulings by the Supreme Court of Canada (SCC), such as the Gurbaj Singh decision, exemplify the significance and extent of collective rights and the legal requirement to accommodate.

Multiculturalism became official federal policy in 1971 with the intent of allowing new immigrants to preserve their culture, language, and religion. Multicultural policies are designed to offer sociocultural accommodation policies to visible minorities that increase their chances of integrating into the host society: „[T]he extent to which immigrants and their descendants integrate into an existing societal culture and come to view their life chances as tied up with participation in the range of social institution (…) [will determine their success in society]" (Kymlicka 1998: 28). As manifest in the CF's *Duty with Honour: The Profession of Arms in Canada* (2003) manual and its approach to multiculturalism as military doctrine, these policies have precipitated a ‚paradigm' shift by the CF, focusing less on physical uniformity among individual soldiers and more on value-based uniformity known as the „value-based model" (Padvaiskas n.d.: 20). The CF's approach has been to maintain uniformity and professional symmetry on the one hand, while accommodating diversity on the other hand. The idea is for the CF to parse those restrictions that reflect true „occupational requirements" from those that do not (cf. Thomas/Ely 1996). The approach is meant to add value by „tapping into unique skill sets".

Canada's Employment Equity Act (1995) goes a step further yet. The EEA, „in the fulfillment of the goal of providing fair opportunities for everyone," seeks to correct the conditions of disadvantaged employment equity „experienced historically by women, Aboriginal peoples, members of visible minorities and persons with disabilities" (Nancoo 2003). The Act not only prohibits the systemic discrimination of federal employees, it also requires proactive measures be taken to remedy disadvantage and underrepresentation: „The statutory obligations of the Act require the CF to search out any adverse obligations of effects or systematic discrimination created by its practices and policies and, if any are found, to determine their cause and make changes" (Canadian Human Rights Tribunal 1989). The CF has been subject to the regulations of the EEA since 2002. These have put considerable pressure on the institution to become more proactive about the (under-)representation of the four Designated Group Members identified in the Act: Women, Aboriginals, Visible Minorities and Persons with Disabilities.

Similar legislation was introduced in the US and the UK at about the same time. Yet, instead of arguing for (and, in the US, winning and the UK winning some) exemptions from diversity and discrimination legislation, the CF opted for a different strategy. Having just been subjected to the CHRC Tribunal's direction on women (1989) and having lost the Douglas case (1992) which had the effect of Parliament removing all restrictions on lesbian, gay and bisexual Canadians to serve (openly), the CF entered into negotiations (with the civil authority) as to how the EE Act would/could apply to the CF. That resulted in a separate set of Canadian Forces Employment Equity Relations.

To demonstrate to the Canadian Human Rights Commission that it is meeting its obligations under the EEA, and for the purpose of updating the CF's own EE Plan, the CF conducts an „interest-propensity survey" at 3-5 year intervals to measure interest in joining the CF among each of the aforementioned DGMs. Based on the results, the CF sets recruiting targets for each DGM category. In addition, the CF also undertakes surveys and other empirical work to ascertain interests in specific trades. Rather than setting arbitrary targets of, say, half of combat pilots having to be women because women make up half the population, the CF draws on the survey's results to build a compound metric which it then uses to set targets to operationalize DGM recruitment. This method has never been tested in court, nor has it been tested in any other quasi-legal setting, such as the Canadian Human Rights Commission. However, Section 15 of the Act's special Canadian Forces Employment Equity Regulations can be read as providing a rationale for this sort of methodology to justify annual recruiting targets. Even though they are all technically subject to the same employment-equity regulations, the CF's methodical approach contrasts starkly with other security-sector organizations in Canada (and elsewhere), such as the RCMP, that seem to pick benchmarks (or have them imposed) at random: 10 percent Aboriginals, 20 percent visible minorities, 30 percent women.

In 2010, the CF raised its DGM recruiting targets as a result of its interest-propensity survey: 25.1 percent women, 11.8 percent visible minorities, and 3.4 percent Aboriginals. Are these targets really „unrealistic" as Jung (2007: 1-4) claims? Women make up 30 percent of Canada's second-largest police service (after the RCMP), the Ontario Provincial Police. And current enrolment in the CF is in the ballpark of previously set targets: 14 percent, 5 percent and 2.12 percent respectively. Women currently make up 15.1 percent of the Regular Force and Primary Reserve and 13.8 percent of the Regular Force only. Visible Minorities account for 5.6 percent of the Regular Force. Aboriginals account for 2.6 percent of the Regular Force and 2 percent of the Regular Force and Primary Reserve. For all three categories, that amounts to an improvement in representation of about 50 percent over 10 years earlier. However, these figures are merely suggestive: members have to self-identify to be counted. In other words, the figures under-report actual representation, at least for Aboriginals and visible minorities (since gender is more objective a category – insofar as emic and etic elements largely coincide – than identification). That is to be expected from an institution that prizes cohesion and encourages a large degree of institutional homogeneity.

One way to try to corroborate the figures on visible minorities is to compare them to other elements in Canada's public and private sectors. We would not expect to find a significant discrepancy between the CF's and other sectors' visible minorities since the data suggest that there is no systematic discrimination in the Canadian labor market. Feng and Coulombe (2010: 36), for instance, have shown the wage gaps between Canadian-born Caucasian and Chinese workers in the private sector to be almost negligible. Since Chinese are Canada's largest visible minority group, this finding is likely to be reasonably representative of minority groups more generally. Similarly, Ferrer, Green and Riddell (2006) have found no indication of systemic discrimination in the Canadian labor market once they control for literacy, education and language proficiency. And immigrants seem to like the government. When asked: „[D]oes the government provide high quality service" most foreign-born Canadians answered positively while a plurality of Canadian-born respondents answered negatively (Table 1).

Similarly, a plurality of foreign-born immigrants rated the Canadian government favorably when asked to „rate the performance of the Canadian government" whereas a plurality of Canadian born respondents did not rate the government favorably (Table 2).

Table 1: Population of the Toronto Census Metropolitan Area by Visible Minority Group, 2006 and 2031 (reference scenario)

Visible Minority groups	2006	2031	2006	2031
	thousands		percent	
Total	5,320	8,868	100	100
Total Visible Minority	2,281	5,572	42.9	62.8
Chinese	510	1,102	9.6	12.4
South Asian	718	2,115	13.5	23.8
Black	369	708	6.9	8
Filipino	180	404	3.4	4.6
Latin American	105	235	2	2.6
Southeast Asian	74	143	1.4	1.6
Arab	56	202	1.1	2.3
West Asian	79	254	1.5	2.9
Korean	58	138	1.1	1.6
Japanese	20	33	0.4	0.4
Other Visible Minorities	112	238	2.1	2.7
Rest of the population	3,039	3,296	57.1	37.2

Source: Statistics Canada 2010: 31.

Table 2: Population of Vancouver Census Metropolitan Area by Visible Minority Group, 2006 and 2031 (reference scenario)

Visible Minority Groups	2006	2031	2006	2031
	thousands		percent	
Total	2,181	3,483	100	100
Total Visible Minority	910	2,061	41.7	59.2
Chinese	396	809	18.2	23.2
South Asian	215	478	9.9	13.7
Black	22	69	1	2
Filipino	82	204	3.8	5.9
Latin American	24	62	1.1	1.8
Southeast Asian	35	65	1.6	1.9
Arab	8	35	0.4	1
West Asian	29	89	1.3	2.6
Korean	47	136	2.2	3.9
Japanese	26	47	1.2	1.3
Other Visible Minorities	26	68	1.2	2
Rest of the population	1,271	1,422	58.3	40.8

Source: Statistics Canada 2010: 32.

Table 3: Population of Montreal Census Metropolitan Area by Visible Minority Group, 2006 and 2031 (reference scenario)

Visible Minority Groups	2006	2031	2006	2031
	thousands		percent	
Total	3,680	4,900	100	100
Total Visible Minority	604	1,521	16.4	31
Chinese	74	198	2	4
South Asian	72	170	2	3.5
Black	173	381	4.7	7.8
Filipino	24	56	0.7	1.1
Latin American	77	179	2.1	3.7
Southeast Asian	46	70	1.3	1.4
Arab	101	367	2.7	7.5
West Asian	15	44	0.4	0.9
Korean	5	16	0.1	0.3
Japanese	3	7	0.1	0.1
Other Visible Minorities	14	34	0.4	0.7
Rest of the population	3,076	3,380	83.6	69

Source: Statistics Canada 2010: 33.

Table 4: Representation of EE Groups in the CF (July 2006)

Groups	Regular	Reserve	Total CF	Canadian Workforce
Aboriginal	1.70%	1.20%	1.50%	3.30%
Visible Minorites	2.10%	4.20%	2.80%	12.60%
Male	87%	81.20%	85%	52.70%
Female	13%	18.80%	15%	47.30%

Source: The Canadian Workforce numbers from Human Resources and Social Development Canada (2008).

Figure 1: Canada – Permanent Residents by Top Ten Source Countries, 2003 (Showing Percentage Distribution)

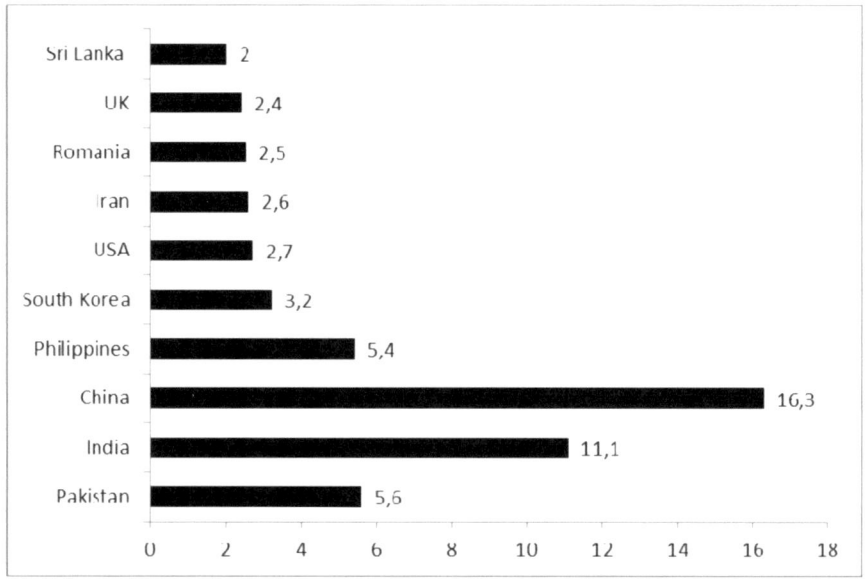

Source: Facts and Figures 2003: 40.

The same dichotomy between foreign-born and Canadian-born respondents manifest itself in responses to the questions „[D]oes the Canadian government listen to ordinary Canadians?" and „[D]o you trust the government?".

Polling numbers also suggest that most non-Canadian born respondents felt that the government both listened to them and represented them accordingly. In other words, they felt that, overall, the government's decisions align with their personal preferences. These responses suggest that visible minorities are well aware of government decisions and their implications for their personal lives. Of course, the inferences are somewhat limited since respondents were asked about whether they were born in Canada, not whether they were visible minorities. But since a growing proportion of the foreign-born population are also visible minorities – the proportion of foreign-born individuals who qualified as visible minorities was 94.9 percent the year of the survey, 2003 – the survey gives us some traction on visible minorities' attitudes towards government. A separate survey that focused on attitudes towards government held by Muslim Canadians found similarly favorable attitudes towards the Government of Canada (McCauley et al. 2011; Leuprecht/Winn 2011; Skillicorn/Leuprecht/Winn 2012).

With no evidence of systemic alienation or discrimination, one would not expect to find significant differences in outcome among visible minorities between the private and public sectors. At first glance, Canada's private sector appears to approximate the demographic representation of visible minorities in Canadian society more closely than the public sector: 15.9 percent of the workforce is comprised of visible minorities (Human Resources and Skills Development Canada 2008). Yet, private security companies reported that 20 percent of their employees were visible minorities and 21 percent of security guards identified as a visible minority population (Li 2008: Table 1). Similarly, in 2006 only 6 percent of police officers identified as visible minority (Li 2008: Table 1). However, 33 percent of the Toronto Police Service's graduating class now consists of visible minorities (and 23 percent are women). In other words, any judgment as to whether the CF actually affords less equality of opportunity to visible minorities than comparable elements of Canada's security and public sectors is necessarily indeterminate once we account for the fact that the CF's figures seem to approximate those of other sectors and differences in methodologies capturing visible-minority representation. That does not mean that the CF is out of the woods: Longitudinally, the CF may actually be losing demographic ground.

Structural Drivers of Diversity in the CF

There are three ways to measure institutional progress with respect to underrepresentation. Women are a control group of sorts since their proportion among the population is pretty stable over time. The proportion of identity-based groups, by contrast, changes. Visible minorities and Aboriginals are growing as a share of Canada's population overall; Francophones are in decline. Female representation within the CF continues to lag female participation in the Canadian labor market overall (at 62.1 percent compared to 72.5 percent for men in 2006). Francophones, by contrast, are over-represented in the CF, especially among the senior ranks of the officer corps (which is explicable by virtue of the French-English bilingualism requirement for military brass). That, of course, is also true of the rest of Canada's federal civil service: Although French Canadians comprise only 22 percent of the Canadian population, they hold 31.5 percent of jobs, and 30 percent of management positions, in the federal civil service. In other words, under-representation is an institutional issue, not a systemic one. To be fair, there may be a lag effect at work here since the federal government's and the CF's bilingual mandate (in the form of 1969's *Official Languages Act*) predates the Canadian Human Rights Tribunal's decision on women in the CF and the 1995 *EEA*. Nonetheless, the trends are problematic.

In 2011, the proportion of Francophones among the Canadian population was merely 22 percent and projected to decline further (although the number of French-language speakers was almost 10 mio., or 30 percent of the Canadian population). Francophones *de souche* already make up only 14 percent of Canada's population; Anglophones account for 47 percent, and Allophones for 39 percent. This presents serious challenges for the CF to meet its bilingual mandate. Allophone immigrants with French as their primary second language are thus key to preserving the CF as a bilingual institution. That cohort is almost completely concentrated in Quebec; visible minority recruitment is thus integral to preserving the bilingual character of the CF while ensuring reasonably proportional representation from the province of Quebec in the CF. In other words, the issue of visible minorities in the CF has broader implications for representation writ large and the institution's ability to meet its legislated mandate as a national bilingual institution.

Insofar as the majority of Canada's immigrants now hail from continents other than Europe, they can generally be categorized as visible minorities (Malenfant/Lebel/Martel 2010: 17). As a result, the proportion of Canada's labor force, comprised by visible minorities, is growing steadily. Projections show the proportion of first- and second-generation Canadians over 14 years of age will rise from 39 percent in 2006 to 46 percent by 2031 (Malenfant/Lebel/Martel 2010: 19). By 2031, one in every two Canadians over the age of 14 will be foreign-born or will come from a family with at least one foreign-born parent (as is illustrated in Statistics Canada 2010: 16). Figure 2 shows the proportion of first- and second-generation visible minorities doubling by 2031.

Figure 2: Distribution of the Foreign-Born Population by Continent of Birth, Canada, 1981 to 2031 (reference scenario)

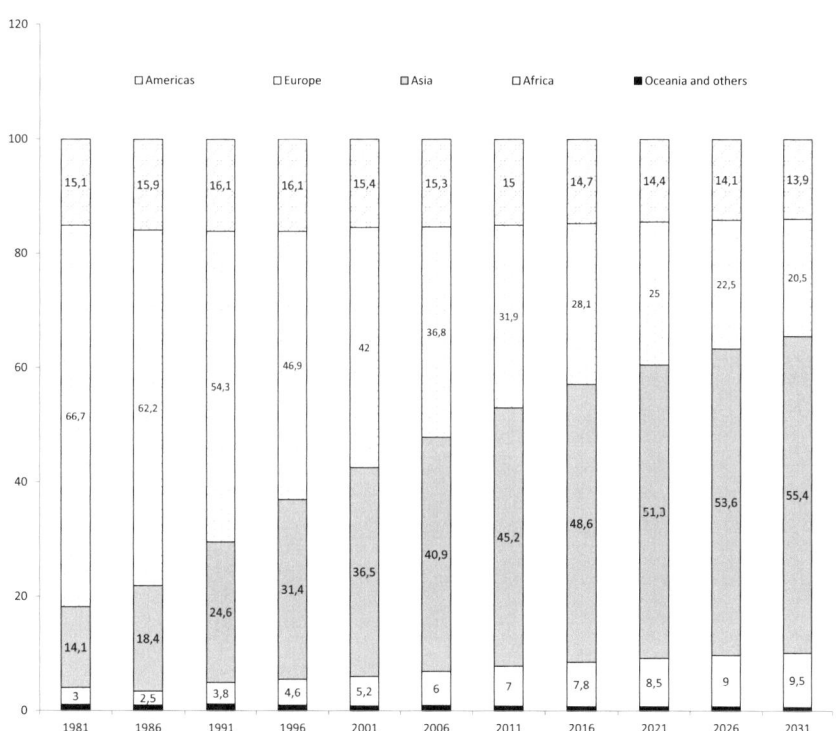

Source: Statistics Canada 2010: 17.

In 2006, 5 mio. visible minorities comprised 16 percent of the Canadian population (Malenfant/Lebel/Martel 2010: 23). By 2031, the visible minority population is estimated to grow to 11.4 mio. to 14.4 mio., representing from 29 to 32 percent of Canada's population (Malenfant/Lebel/Martel 2010: 23). If the trend prevails, one in three visible minorities is likely to have been born in Canada. As shown in Figure 3, as a result of immigration, a young population structure, and above-average fertility rates, visible minorities are shifting from 'immigrants' to becoming part and parcel of Canada's social fabric – which may also explain why some visible minorities are less likely to self-identify.

Figure 3: Proportion of the Foreign-Born Population Belonging to a Visible Minority Group, to an Allophone Group or Having a Non-Christian Religious Denomination, Canada, 2006 and 2031 (reference scenario)

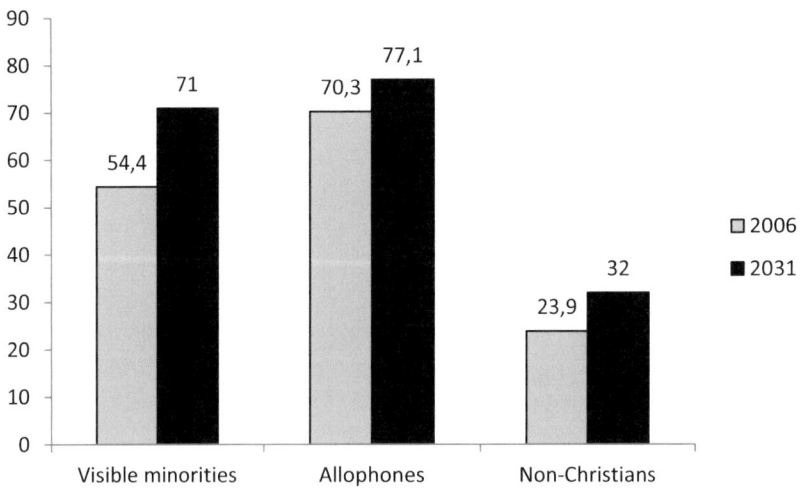

Source: Statistics Canada 2010: 18.

Immigrants are necessarily less familiar with federal institutions: Many do not know anyone who works for the federal government, come from countries where nepotism prevails in the assignment of government jobs and live some distance from the nearest Canadian Forces Base. In other words, immigrants predominantly live in cities: Visible minorities – and the growth of Canada's labor forces – are concentrated almost exclusively in Canada's largest metropolitan areas (Malenfant/Lebel/Martel 2010: 26f.). Yet, the CF, like most professional armed forces, has traditionally recruited disproportionately from rural areas.

But is the under-representation of visible minorities really just a function of geography, both in terms of residence and in terms of proximity from CF installations? If so, we would expect the CF to fare well with Aboriginals since they are more evenly spread across the country and more rural than visible minorities. Yet, that is not the case. Aboriginal representation in the CF is barely 2 percent of the Canadian population, a proportion that is not keeping pace with the expansion of the Aboriginal population among the Canadian population and which is heavily skewed towards non-status Indians, with the exception of the Canadian Rangers (National Defense: Canadian Rangers 2012).

While visible minorities are the CF's fastest growing recruit pool in absolute terms, at real annual rates of growth of ranging from 1.1 to 2.2 percent, Aboriginals are the fastest growing CF recruit pool in relative terms. In 2006, 1.3 mio. Canadians – about 3.9 percent of the Canadian population – declared themselves to be of Aboriginal descent; about half of that population qualifies as status Indian and tends to be concentrated on reserves, the other half does not and tends to be concentrated in urban areas (Malenfant/Morency 2011: 40). In 2005/6 the total fertility rate (TFR) of Aboriginal peoples was 2.7 children for Inuit women, 2.4 children for North American Indian women, and 1.8 children for Metis women, well above the Canadian norm of 1.6 children per woman (Malenfant/Morency 2011: 10). Since the Aboriginal population combines a young population structure with high fertility, population growth among Canada's Aboriginal population is projected to continue to exceed that of the Canadian population as a whole for years to come, making up 5.3 percent of the Canadian population by 2031 (Malenfant/Morency 2011: 10). Even though the age structure of the Aboriginal population is expected to start aging after 2031, its median age will continue to be 6 to 8 years younger than the median age of the general population (Malenfant/Morency 2011: 30).

In sum, the CF seems to take its obligations under the OLA much more seriously than its obligations under the EEA. From the over-representation of French Canadians and the under-representation of women, visible minorities and Aboriginals one can infer an institutional logic that seems to be more proactive on some fronts than on others. That is, neither the nature nor the pace of change with respect to diversity can be explained in functional terms: There is scant evidence that diversity is driven by operational demands. Similarly, if change were driven by structural change, we would anticipate the organization becoming more representative and diversity more rapidly. That leaves legislation as the key driver of change. This observation is significant: The Canadian experience suggests that the CF does not see diversity as integral to the institution's functional imperative; instead, change is driven by means of objective control by civilian authorities in the form of legislative requirements. The increasingly diverse recruit pool is effectively forcing the CF to accommodate a wide range of diversity much more proactively than it has been. Failure to do so means that demographic trends risk upending the dynamics of the size of the CF.

The End of the Citizen Soldier?

Employers wishing to optimize their returns on recruitment by tapping into the total talent pool in Canada's labor market have little choice but to draw ever more on visible minorities. The same holds true for the CF. As a result, the CF is bound to find itself competing with the private sector for the same highly skilled talent pool. In light of stiffer competition for talent in a tightening labor market, the CF's functional imperative thus hinges on it becoming an employer of choice for all Canadians, but especially for visible minorities.

The compound effect of lowest fertility rate among traditional immigrant-settler countries on the one hand, and above-average fertility rates among immigrant and Aboriginal populations on the other hand has resulted in unprecedented demographic change in the age structure and composition of Canada's population over the past quarter century. According to the 2006 census, 19.8 percent Canadians were first-generation immigrants residing in Canada (Malenfant/Lebel/Martel 2010: 15). Among advanced democracies, only Australia and Switzerland come close. Canada has the highest per capita immigration rate of just about any country in the world. By 2031, visible minorities are projected to comprise between 25-28 percent of the Canadian population which amounts to a rate of growth of between one-third and one-half over a mere 20 years (Malenfant/Lebel/Martel 2010: 16).

These trends suggest that even with its revised targets, the composition of the CF is not keeping pace with demographic change. A CF that is broadly representative of Canadian society is likely to be more closely aligned with that society which translates into greater support from the taxpayers who ultimately float the armed forces and its missions. Okros, Hill and Pinch (2008) have shown that, unlike the United States, there is no noticeable gap between military and civilian attitudes in Canada. Surveys during the recent Afghan campaign repeatedly confirmed: Canadians had grown increasingly ambivalent about the mission, but they supported their troops.

Insofar as democratic armed forces are premised on the model of the soldier first and foremost not as warrior but of citizen, that is problematic. From a macro perspective, the model of the citizen soldier presumes a military that is representative of the citizenry. However, „if an army does not reflect the values and composition of the larger society that nurtures it, it invariably loses the support and allegiance of that society" (Bercuson 1996 as cited in Pinch et al. 2004: 198). Basevich (2011) has criticized the breakdown of this model of the citizen soldier on precisely those grounds. He has argued repeatedly that under-representation actually facilitates combat operations: It is a lot easier to send someone else's children into war than your own. The burden of conscription during the Vietnam War, for instance, has been shown to have fallen disproportionately on young African Americans with a high-school education (Shields 1980,

1981). Similarly, Basevich worries that unrepresentative armed forces are more prone to becoming subservient to special policy interests that are not necessarily representative of the views held by the broader population.

The conscription crises of the First and Second world wars, arguably the most serious national-unity crises ever faced, are a case in point. French-Canadians were indisposed to being drafted into service in an ‚imperial‘ war that they felt was defending British interests, not their own. As a result, the prime minister of the day, Mackenzie King, was effectively unable to implement conscription. That partially explains why the Canadian military has always been a professional military and the government never implemented mandatory military service. One way to remedy this situation was to make the Canadian military more representative of and attractive to Francophones. That is, the experience around conscription during the First and Second World Wars prodded the Canadian military to think about and incorporate the model of the citizen soldier more effectively.

Canada has been able to make due without mandatory military service because of its geostrategic position which has always afforded it the luxury of picking its battles, deciding where to go, when to go, and how to go there. Without the benefit of mandatory military service forcing the Canadian Forces to become more representative of societal diversity, political authorities resorted to legislation to encourage the Canadian Forces to become more inclusive.

Conclusion

Contrary to Huntington's premise, there is little evidence that the intervention by civilian authorities in the autonomy of the profession has compromised the CF's functional imperative. In effect, it now plays a critical symbolic role as a national institution that symbolizes equality of opportunity to both official language groups; and women have proven an asset critical to mission success relative to changing operational requirements. Instead of controlling the difference between Canada's civilian and military institutions as Huntington would prescribe, Canada and its armed forces have symbiotically diminished the difference. At times, as in the case of the OLA, the 1989 CHRC Tribunal's direction regarding women, and the 1992 Douglas case, that has required a heavy hand by means of civilian intervention in the CF's otherwise autonomous affairs when the civilian authority felt it necessary to assert itself. As a result, and as the negotiations the CF initiated over the application of the EE Act that resulted in the special CF EE Regulations, the CF's leadership has become more proactive in balancing its interests with that of the civilian authority as the means to preserving its professional autonomy. The CF thus exemplifies principal-agent theory: Strategic intervention between self-interested civilian and military actors whose preferences and concerns often diverge. Far from the Huntingtonian approach, however, the CF exemplifies Janowitz's thesis of aligning the military and civilian worlds more closely. In fact, the CF seems to have a preference for avoiding Huntingtonian-style control in favor of a subtle collaboration in the form of a civil-military equilibrium.

In this regard, the empirical experience of civil-military relations in Canada is theoretically instructive beyond its borders. Huntington could not have anticipated the sort of socio-demographic and mission-specific changes that beset democratic societies in the 21st century. As the gap between civilian and military worlds widens due to ever-growing diversity, ever greater measures of civilian control are required to keep the military in line. The greater the control, the greater is the degree of intervention in the military's autonomy. Realizing that more control poses a mounting risk to its interests as a profession and that the nature of the civil-military relationship will be shaped by how effectively civilian and military leaders are able to achieve their respective preferences, the military opts instead to align its preferences more closely with those of civilians to show that it is respecting civilians' ultimate right to set policy while trying to minimize the extent of civilian policy interference in its autonomous affairs. That is the ultimate lesson from the Canadian experience: Diversity changes the structural fundamentals so as to make Huntington's model of civil-military relations less attractive than Janowitz's.

The CF is toeing a fine line between safeguarding its functional imperative while being sensitive to a complex array of demographic, economic, societal, legal-constitutional and operational constraints. On the one hand, erring on the side of the functional imperative risks compromising its autonomy as a profession through interference from the civilian authority, as in the case of making the CF more responsive to Francophones and functionally bilingual in the late 1950s and throughout the 1960s, the CHRT Tribunal's 1989 direction to open up all trades in the CF to women, the 1992 Douglas case on sexual orientation or the enactment of the EEA in 1995. On the other hand, too much change or change that is too rapid risk compromising the CF's *raison d'être* as a profession of arms.

As a result of the diverse fabric of Canadian society, the Canadian Forces have had to be pragmatic, especially when having to contend with the operational realities of wartime deployments. The Canadian state tends to enjoy better relations with immigrants than those found in many other Western democracies. Canada is also more heterogeneous than just about any other democratic society, especially when one takes into account not only ethnic, cultural, religious and linguistic diversity but also the relative demographic weight of these communities. Canada is sometimes called a country of minorities. As a result, it is difficult to muster a majority bent on defending a *Leitkultur* as is the case in many other democratic nation-states. Nor is the military seen as an instantiation of such a *Leitkultur*. Canada has a ‚thin‘ conception of its national culture: The purpose of the military is to defend Canada's national interests, values and the Canadian way of life. The same holds true for many other armed forces in democracies; but elsewhere the cultural conception is often ‚thicker‘. As a result, the military is not just meant to defend this ‚thicker‘ conception of values and a way of life – it is also meant to model its moral content. Huntington famously regarded the armed forces as a redemptive vestige from the Babylonian decadence of civil society pervaded by liberal antimilitarism: „The greatest service they can render is to remain true to themselves, to serve with silence and courage in the military way. If they abjure the military spirit, they destroy themselves first and their nation ultimately“ (1957: 466). As a result, change in the armed forces is not merely an instrumental matter of operational or fiscal requirements; change is resisted by virtue of the moral symbolism the armed forces have for society. As Canada's conscription crisis shows, the Canadian military has not been immune from such moralization.

However, the diffusion of ethno-cultural minority rights in the 1950s and 1960s, their impact on equality of opportunity for Canada's national linguistic minority, and the demographic changes that ensued from the de-racialization of Canada's immigration and subsequent shift of source countries of immigration are resulting in a paradigm shift whereby diversity is on its way to becoming a strategic component of the Canadian Forces' functional imperative. Diversity in the CF is not a philosophical debate; it has become a matter of representation, whether in the form of the CF as a national bilingual instrument in a strategy to bring and keep the country together by affording equality of opportunity to both official language groups, or in the form of a CF whose legitimacy and recruiting prospects increasingly hinge on its responsiveness to demographic change of historically unprecedented proportions in a tightening labor market.

Literature

Armstrong, John G. (1990). The Unwelcome Sacrifice: A Black Unit in the Canadian Expeditionary Force, 1917–1919. In: Dreisziger (Ed.) 1990: 178–197.

Basevich, Andrew J., Jr. (2011). Whose Army? *Daedalus*, 140: 3, 122–134.

Belanger, Yves/Wadsworth, Billy (2008). ‚It's my Duty… to be a Warrior of the People.' *Prairie Forum*, 33: 2, 297–322.

Benham Rennick, Joanne (2011). Religion in the Ranks: Belief and Religious Experience in the Canadian Forces. Toronto: University of Toronto Press.

Bernier, Serge/Pariseau, Jean (1994). French Canadians and Bilingualism in the Canadian Forces, Vol. 2, 1969–1987: Official Languages: National Defence's Response to the Federal Policy. Ottawa: Department of National Defense.

Browning, Harley/Lopreate, Sally/Poston, Dudley (1973). Income and Veteran Status: Variations among Mexican Americans, Blacks and Anglos. *American Sociological Review,* 38: 1, 74–85.

Canadian Forces Leadership Institute (2003). Duty with Honour: The Profession of Arms in Canada. Kingston: Canadian Forces Leadership Institute.

Canadian Human Rights Tribunal (1989). Brown v. Canadian Armed Forces. T.D. 3. Ottawa: Minister of Supply and Services.

Davis, Karen (2009). Sex, Gender and Cultural Intelligence in the Canadian Forces. *Commonwealth & Comparative Politics*, 47: 4, 430–455.

Dempsey, James. (1999). Warriors of the King: Prairie Indians in World War I. Regina: Canadian Plains Research Center.

Department of Justice (2002). Canadian Forces Employment Equity Regulations. (SOR/2002–421). Ottawa: Publishing House.

Dreisziger, Nandor F. (Ed.) (1990). Ethnic Armies: Polyethnic Armed Forces from the Time of the Habsburgs to the Age of the Superpowers. Waterloo: Wilfrid Laurier University Press.

Feaver, Peter (2003). Armed Servants: Agency, Oversight and Civil-Military Relations. Cambridge, MA: Harvard University Press.

Feng, Hou/Coulombe, Simone (2010). Earning Gaps for Canadian Visible Minorities in the Public and Private Sectors. *Canadian Public Policy*, 36: 1, 29–43.

Ferrer, Ana/Green, David A./Riddell, W. Craig (2006). The Effect of Literacy on Immigrant Earnings. *Journal of Human Resources*, 41: 2, 380–410.

Fraser, Graham (2006). ‚Sorry, I Don't Speak French': Confronting the Canadian Crisis that Won't Go Away. Toronto: Douglas Gibson Books.

Gade, Paul A./Lakhani, Hyder/Kimmel, Melvin (1991). Military Service: A Good Place to Start? *Military Psychology*, 3: 4, 251–267.

George, M.V./Loh, Shirley/Verma, Ravi B.P./Shin, Edward Shin (2001). Population Projects for Canada, Provinces and Territories, 2001–2026. Ottawa: Statistics Canada: 91-520-XPB.

Human Resources and Skills Development Canada (2008). Employment Equity Act Annual Report: Members of Visible Minorities. Online: http://www.hrsdc.gc.ca/eng/labour/equality/employment_equity/tools/annual_reports/2008/page08.shtml

Human Resources and Social Development Canada (2008). Fact Sheet on Members of Designated Groups, 2001 Census, 2004ff.. Ottawa: National Defense and Canadian Forces.

Huntington, Samuel P. (1957). The Soldier and the State. Cambridge, MA: Belknap Press.

Immigration Canada (2003). Facts and Figures 2003: Immigration Overview. Ottawa. Priorities Planning Research Branch.

Janowitz, Morris (1983 [1960]). The Professional Soldier. Cambridge, MA: Harvard University Press.

Jenson, Jane/Papillon, Martin (2001). The ‚Canadian Diversity Model‘: A Repertoire in Search of a Framework. Ottawa: Canadian Policy Research Networks Inc.

Jung, Hans (2007). Can the Canadian Forces Reflect Canadian Society? *Canadian Military Journal,* Autumn, 27–36. Online: http://www.journal.forces.gc.ca/vo8/no3/jung-eng.asp

Kymlicka, Will (1995). Multicultural Citizenship. Oxford: Oxford University Press.

Leuprecht, Christian (2009). Diversity in Security and Defence: Democracy's Ultimate Litmus Test. *Commonwealth & Comparative Politics*, 47: 4, 559–579.

Leuprecht, Christian (2010). Defending Democracy and Securing Diversity. Abingdon: Routledge.

Leuprecht, Christian/Skillicorn, David B./Winn, Conrad (2012). Home-Grown Islamist Radicalization in Canada: Using Survey Evidence to Model the Structure of Radical Attitudes. *Canadian Journal of Political Science,* 45: 4, 929–956.

Leuprecht, Christian/Winn, Conrad (2011). What Do Muslim Canadians Want? The Clash of Interpretations and Public Opinion. Ottawa: MacDonald-Laurier Institute, True North Study Paper.

Li, Geoffrey (2008). Private Security and Public Policing. *Juristat Ottawa,* 28: 10. Statistics Canada. Catalogue no 85-002-X. Online: http://www.statcan.gc.ca/pub/85-002-x/2008010/article/10730-eng.pdf

Malenfant, Caron Eric/Lebel, Andre/Martel, Laurent et al. (2010). Projections of the Diversity of the Canadian Population. Statistics Canada, Demography Division. Ottawa: Ministry of Industries. Online: http://www.statcan.gc.ca/pub/91-551-x/91-551-x2010001-eng.pdf

Malenfant, Eric Caron/Morency, Jean-Dominique (2011). Population Projections by Aboriginal Identity in Canada. Statistics Canada, Demography Division. Ottawa: Ministry of Industries. Online: http://www.statcan.gc.ca/pub/91-552-x/91-552-x2011001-eng.pdf

Martel, Laurent/Malenfant Eric Caron/Morency, Jean Dominique/Lebel Andre/Belanger Alain/Bastien, Nicolas (2011). Projected Trends to 2031 for the Canadian Labour Force. *Canadian Economic Observer,* 24: 6. Statistics Canada, Ottawa: Ministry of Industries, Catalogue no 11-010-X. Online: http://www.statcan.gc.ca/daily-quotidien/110817/dq110817b-eng.htm

McCauley, Clark/Leuprecht, Christian/Hataley, Todd/Winn, Conrad/Biswas, Bidisha (2011). The War of Ideas: A Poll of Ottawa Muslims. *Terrorism and Political Violence,* 23: 5, 804–819.

McCue, Harvey (1999). Strengthening Relationships between the Canadian Forces and Aboriginal People. Ottawa: National Defence.

Nancoo, Lauren (2003). Employment Equity and Diversity Tip Book: One Team Many Faces. Ottawa: Department of National Defence, Director Military Gender Integration and Employment Equity.

National Defense (1998). Interim Policy: Religious Accommodation. Ottawa: Department of National Defence.

National Defense (2009). CF Leave Manual. Ottawa: Department of National Defence.

National Defense (2011). Human Rights and Diversity: Going beyond Compliance. Chapter 12. Ottawa: Department of National Defence.

National Defense (2012). Organization of the Canadian Rangers, Canadian Rangers National Authority. Ottawa: Canadian Army. Online: http://www.army.forces.gc.ca/land-terre/cr-rc/na-an/index-eng.asp

National Defense (2012a). CBI Chapter 209: Transportation and Travelling Expenses. Ottawa: Chief of Military Personnel. Online: http://www.cmp-cpm.forces.gc.ca/dgcb-dgras/pub/cbi-dra/209-eng.asp

National Defense and the Canadian Forces (2012b). Women in the Canadian Forces. Ottawa: Department of National Defence. Online: http://www.forces.gc.ca/site/news-nouvelles/news-nouvelles-eng.asp?id=3675

Newton, Jenny/Stone, Craig/Granatstein, Gabriel/Ram, Sunil/Jones, Garrett (2007). Gender Integration in the Canadian Armed Forces. *Sitrep*, 67: 3, 1–16.

Okros, Alan/Hill, Sarah/Pinch, Franklin (2008). Between 9/11 and Kandahar: Attitudes of Canadian Forces Officers in Transition (Claxton Paper 8). Kingston: Queen's University.

Padvaiskas, Major E.T. (n.d.). The Canadian Forces an Employer of Choice: Branding is not Enough (Exercise New Horizons). Online: http://www.cfc.forces.gc.ca/259/290/294/287/padvavaiskas. pdf

Park, Jungwee (2008). A Profile of the Canadian Forces. *Perspectives on Labour and Income, Ottawa*, 9: 7. Statistics Canada. Catalogue no. 75-001-XIE. Online: http://www.statcan.gc.ca/pub/75-001-x/2008107/article/10657-eng.htm

Ruck, Calvin W. (1986). Canada's Black Battalion: No. 2 Construction (1916-1920). Halifax: Society for the Protection and Preservation of Black Culture in Nova Scotia.

Ruck, Calvin W. (1987). The Black Battalion (1916–1920): Canada's Best Kept Secret. Halifax: Nimbus Publishing Ltd.

Scoppio, Grazia (2009). Diversity Best Practices in Military Organizations in Canada, Australia, the United Kingdom, and the United States. Personnel Issues. *Canadian Military Journal*, 9: 3, 17–30. Online: http://www.journal.dnd.ca/vo9/no3/05-scoppio-eng.asp

Selmeski, Brian (2007). Aboriginal Soldiers: A Conceptual Framework (Occasional Paper 3). Kingston: Centre for Security, Armed Forces and Society.

Shewell, Hugh (2006). An Examination of Aboriginal-State Relations in Canada and their Possible Implications for Aboriginal Participation in the Canadian Armed Forces. Paper invited for presentation at the international conference, „The Military and Society," Royal Military College and Department of National Defence, Canada. Ottawa, 1 October, 2006. Online: www.luc.edu/orgs/ius/Canada/shewell.pdf, 1–31.

Shields, Patricia (1980). Enlistment during the Vietnam Era and the ‚Representation' Issue in an All-Volunteer Force. *Armed Forces & Society*, 7: 1, 133–151.

Shields, Patricia (1981). The Burden of the Draft: The Vietnam Years. *Journal of Political and Military Sociology*, 9: 2, 215–228.

Szvircsev Tresch, Tibor/Leuprecht, Christian (2011). Europe without Soldiers? Recruitment and Retention among Europe's Armed Forces. Montreal & Kingston: McGill-Queen's University Press.

Taillon, J. Paul de B. (2005–2006). Canadian Special Operations Forces: Transforming Paradigms. *Canadian Military Journal*, 6: 4, 67–76. Online: http://www.journal.forces.gc.ca/vo6/no4/operatio-eng.asp

Thomas, David A./Ely, Robin J. (1996). Making Differences Matter: A New Paradigm for Managing Diversity. *Harvard Business Review*, 74: 5, 79–90.

6 „Weil du halt immer noch ein Ausländer bist und die dich dann härter rannehmen." – Ergebnisse einer explorativen Studie zur Wahrnehmung der Bundewehr durch Jugendliche mit Migrationshintergrund
Phil C. Langer

Hintergrund und Fragestellung

Das Bild zeigt einen Mann dunkler Hautfarbe Ende 20, der mit entschlossenem Gesichtsausdruck in die Kamera blickt. Der Hintergrund ist verschwommenen, er könnte auf einem Appellplatz stehen oder der Landebahn eines Flugplatzes. Es zeichnen sich Bäume in der Ferne ab, nur der Kopf des jungen Mannes übersteigt das matte Grün in die Helle des Himmels. Die zahlreichen Auszeichnungen am Dienstanzug, die auf eine Vielzahl von erfolgreich absolvierten Einsätzen schließen lassen, fallen durch die Undifferenziertheit des Hintergrundes umso schärfer ins Auge. Links neben dem Kopf, auf Augenhöhe und ebenfalls vor dem Himmel liest man: „Find a job that suits you".

Abbildung 1: US-amerikanisches Online-Rekrutierungsbild

Quelle: http://offload.goarmy.com; zuletzt abgerufen am 14. April 2013.

Auf einem ähnlich komponierten Bild ist eine durchtrainierte Frau Mitte 20 zu sehen, die phänotypisch den sozialen Repräsentationen einer Latina entspricht. Sie ist im Profil abgebildet, in aggressiver Kampfpose, das Gesicht angespannt, der offene Mund lässt einen Schrei erahnen, die rechte Hand zur Faust geballt, kurz vor dem Zuschlag, während die ausgestreckte linke einen imaginären Gegner, den die Augen fixieren, auf Abstand hält. Dass es sich dabei um eine Trainingsdemonstration handelt, machen das T-Shirt, das sie zur Uniformhose trägt, die Pfeife, die in der Vorwärtsbewegung von ihrem Oberkörper pendelt, und die ebenfalls nur verschwommen als Gruppe zu erkennenden Soldatinnen und Soldaten, die im Kreis um sie herum sitzen, deutlich. Ihr Torso erhebt sich über dem Slogan: „Wanted: Leadership that inspires Marines under your command, and Americans everywhere."

Abbildung 2: Rekrutierungsposter für die US-Marines

Quelle: http://graphics8.nytimes.com/images/2008/04/08/business/Marines Punch500.jpg; zuletzt abgerufen am 14. April 2013.

Ein drittes Bild schließlich umfasst vier sehr unterschiedlich dargestellte Soldatinnen und Soldaten, die mit ernsten Blicken die Kamera anvisieren: In der rechten Mitte, leicht vorgerückt im mit Auszeichnungen behängten Dienstanzug ein Mann dunkler Hautfarbe Ende 20, in der linken Mitte ein kaukasisch-weißer Mann Ende 30 vielleicht, der Uniform, die er ohne Kopfbedeckung trägt, zufolge wohl Pilot, am rechten Rand ein Latino, dessen Alter im Gefechtsanzug mit Splitterschutzweste und Helm und der Raketenabwehrwaffe auf der Schulter schwer einschätzbar ist, am linken Rand und etwas nach hinten versetzt, eine junge Frau Anfang 20, deren taxierende Gesichtszüge chinesische oder südostasiatische Herkunftsassoziationen aufrufen. Das Bild trägt keine sprachliche Botschaft, sondern lediglich das eingetragene Markenzeichen „Army strong" der U.S. Army und stellt einen Header ihrer Webpage dar.

Abbildung 3: Online-Header der U.S. Army

Quelle: http://vator.tv/images/attachments/270709155715GO_ARMY.jpg; zuletzt abgerufen am 14. April 2013.

Schon ein oberflächlicher Blick auf Werbedarstellungen der US-amerikanischen Streitkräfte, die hier in Beispielen skizziert wurden, macht deutlich, dass ethnische Minderheiten eine wichtige Zielgruppe ihrer aktuellen Rekrutierungsstrategien sind. Sie spiegeln nicht nur, und vielleicht nicht einmal primär, die ethnische Heterogenität der US-amerikanischen Gesellschaft und ihr Selbstverständnis als Einwanderungsgesellschaft *par excellence* wider (vgl. z. B. Walzer 1998: 114-136). Sie sind zugleich, und womöglich zuallererst, Ausdruck der Herausforderungen einer in Kampfeinsätzen und Kriegen stehenden Berufsarmee in einer Gesellschaft, in der das soziale und ökonomische Kapital auch entlang ethnischer Differenzen sehr ungleich verteilt ist (vgl. Hopwood 2009; Murray 2012). Die mit dem Versprechen der Möglichkeit eines ‚sicheren‘ und für jede und jeden passenden Arbeitsplatzes, des sozialen Aufstiegs und der gesellschaftlichen Anerkennung verbundene Adressierung ethnischer Minderheiten als künftige ‚Helden der Nation‘ reflektiert in dieser Hinsicht ein Rekrutierungsproblem, das durch die unterschiedlichen Beanspruchungen des soldatischen Berufes – vom häufigen Wohnortwechsel bis hin zur Gefährdung des eigenen Lebens im Kampf – entsteht, wenn sich für die kapitalreichere Mehrheitsgesellschaft bessere Berufsperspektiven bieten (vgl. Bunger 2005; Kleykamp 2007). Unterstützt werden die auf ethnische Minderheiten zielenden institutionellen Rekrutierungsstrategien der US-Streitkräfte dabei von der politisch lancierten Option einer Einbürgerung von Ausländern, die sich im militärischen Dienst für die USA verdient gemacht haben (vgl. Wong 2005; Londono 2008; Aptekar 2010). Mit über 114 000 Soldatinnen und Soldaten waren 2009 fast acht Prozent der Angehörigen der US-Streitkräfte nicht in den USA geboren; zugleich erhielten in diesem Jahr 10 505 Soldatinnen und Soldaten aufgrund dieses Dienstes die amerikanische Staatsbürgerschaft, im Jahr 2010 betrug die Zahl über 11 000. Bemerkenswert ist in diesem Zusammenhang der Befund, dass „[n]aturalizations of immigrants in the military are at their highest during times of war“ (Stock 2009: 3).

Eine derart offensive zielgruppenspezifische Ansprache gibt es in Deutschland bisher augenscheinlich nicht. Zwar findet der demografische Wandel, der im Kontext zunehmend transnationaler Migrationsbewegungen zu einer forcierten Pluralisierung der deutschen Gesellschaft und einer Durchsetzung der Wahrnehmung der deutschen als Migrationsgesellschaft führt (vgl. z. B. Thränhardt 2002; Ivanda 2010; Koo 2012), auch in der Bundeswehr, die bislang nur für deutsche Staatsbürger den Dienst an der Waffe erlaubt, Ausdruck (vgl. auch Kümmel 2012). Die Einrichtung einer *Zentralen Koordinierungsstelle Interkulturelle Kompetenz* am Zentrum Innere Führung der Bundeswehr, ministerielle Erlasse zu interkultureller Kompetenz, die Gründung des Vereins *Deutscher.Soldat. e.V.* durch Soldatinnen und Soldaten mit Migrationshintergrund und Forschungen zur ethnischen Pluralisierung der Streitkräfte, auch die Durchführung der Tagung, auf die dieser Band zurückgeht, können hierfür, auch wenn die Thematisierung von ethnischer und kultureller Differenz vor allem durch die institutionellen Herausforderungen der Auslandseinsätze der Bundeswehr erforderlich wurde, als Beispiele dienen (vgl. Langer 2012a). Die durch die Aussetzung der Wehrpflicht 2010 eingeleitete Professionalisierung der deutschen Streitkräfte hat indes noch nicht dazu geführt, spezifische Rekrutierungsstrategien für Minderheiten in Szene zu setzen, um Nachwuchs insbesondere für den Freiwilligen Wehrdienst zu sichern. Ein mögliches Hindernis dafür könnte angesichts der auch in Deutschland festzustellenden sozioökonomischen Benachteiligung der quantitativ größten Gruppen von Migrantinnen und Migranten in der Befürchtung liegen, dem Vorwurf einer ‚Prekarisierung‘ der Streitkräfte ausgesetzt zu sein.[11] Auch ließe sich ein Szenario denken, in dem im Zusammenhang mit gewaltintensiven Auslandseinsätzen und vor dem Hintergrund der nationalsozialistischen Vergangenheit Deutschlands eine positive Diskriminierung in der Nachwuchsgewinnung rassistisch konnotiert wahrgenommen werden könnte als Strategie einer staatlich forcierten Bevorzugung der existenziellen Gefährdung von Migrantinnen und Migranten.

Dennoch ist die Vorstellung nicht abwegig, dass die Nachwuchsgewinnung der Bundeswehr aufgrund des demografischen Wandels in Zukunft – mehr oder weniger explizit – junge Menschen mit Migrationshintergrund fokussierter adressieren könnte, wenn sich die mit den bisherigen Strategien zur Stärkung des Freiwilligen Wehrdienstes verbundenen Hoffnungen nicht erfüllen sollten (vgl. Fischer 2012). Überlegungen, wie eine solche Ansprache vollzogen werden könnte, setzen in der Regel an dem Bedarf der Streitkräfte und den Erfahrungen mit der bisherigen Nachwuchsgewinnung an. Was dabei nicht bedacht wird – nicht zuletzt, weil es bislang dazu kaum empirische Daten gibt –, ist die Sicht der potenziellen Adressaten dieser Werbung. Übersehen wird so etwa, dass Minderheiten in den Streitkräften nicht nur soziales und ökonomisches Kapital zur Steigerung ihrer gesellschaftlichen Partizipationschancen akkumulieren können (vgl. Langer 2012b), sondern nach wie vor Stigmatisierung und Diskriminierung erfahren, die unter anderem mit dem Homogenitätsideal

---

11 Siehe dazu den Beitrag von Michael Wolffsohn (2011) und die dadurch ausgelöste Kontroverse (z. B. Clement 2011; Rosenfeld 2011).

national begründeter Streitkräfte verbunden sind (vgl. Biehl in diesem Band). Diese drücken sich beispielsweise im argumentativen Topos eines unterstellten Identitäts- und Loyalitätskonfliktes der Migrantinnen und Migranten zwischen dem Herkunftsland und Deutschland, den muslimische Soldatinnen und Soldaten im Umgang mit nicht migrantischen Kameradinnen und Kameraden berichten, aus (vgl. Menke/Langer 2011) und lassen sich als projektive Anteile verstehen, die eine ambivalenzfreie Identifikation mit den Streitkräften qua Abwehr erst ermöglichen.

Um zu verstehen, wie junge Menschen mit Migrationshintergrund als potenzielle Zielgruppe der Nachwuchswerbung die Bundeswehr wahrnehmen bzw. welche Faktoren die Wahrnehmung der Bundeswehr durch junge Menschen mit Migrationshintergrund prägen, wurde 2011 eine explorative Studie durchgeführt. Der vorliegende Beitrag führt ausgewählte Ergebnisse dieser Studie aus. Hierzu wird zunächst das methodische Vorgehen dargestellt, um nachvollziehbar zu machen, wie die zugrunde liegenden Daten im Forschungsprozess gewonnen wurden und in die Analyse eingegangen sind. Im darauf folgenden Abschnitt werden ausgewählte Befunde zu gesellschaftlichen Diskriminierungserfahrungen, Artikulationen kultureller Identität, persönlichen und familiären Bezügen zum Militär und der Wahrnehmung der Bundeswehr als Institution vorgestellt. Abschließend werden diese Ergebnisse zu Thesen zur Beantwortung der Forschungsfrage verdichtet und im Hinblick auf Anwendungsbezüge und weitere Forschungsnotwendigkeiten diskutiert.

Zur Methodik der Studie

Zur Beantwortung der angeführten Fragestellung wurde auf ein qualitatives Studiendesign zurückgegriffen, da dieses im Rahmen eines explorativen Vorgehens besonders geeignet ist, Erkenntnisse in einem bislang wenig untersuchten Feld zu gewinnen und subjektive Bedeutungsgebungen in ihrem sozialen Deutungsrahmen zu analysieren (vgl. Mruck/Mey 2005; Mayring 2007). Explorative qualitative Forschung zielt in dieser Hinsicht auf die induktive Generierung von vorläufigen Thesen für weitere Untersuchungen, ohne die in quantitativer Forschung maßgeblichen Ansprüche auf Validität, Reliabilität oder Repräsentativität zu reklamieren.

Im Hinblick auf die Untersuchung der Bedeutungen, die die Bundeswehr für Jugendliche hat, schien die gewählte Methode der Fokusgruppendiskussion insofern sinnvoll, als sie die Aushandelungsprozesse in dem für die Identitätsbildung, die Wertevermittlung und das Rollenverhalten i.d.R. signifikanten *Peer*-Gruppenkontext abbilden und die in der Forschungsbeziehung wirksamen Machtbeziehungen zwischen erwachsenen Forschenden und jugendlichen Beforschten, die mit darüber entscheiden, was thematisiert wird und was nicht, zu relativieren vermag (vgl. Breitenfelder et al. 2004; Mayerhofer 2009; Blank 2011). In diesem Sinn wurden vier Fokusgruppendiskussionen mit Jugendlichen durchgeführt, die mehrheitlich türkische und arabische Migrationshintergründe aufwiesen.

Die Entscheidung für eine Fokussierung auf Jugendliche mit türkischen und arabischen Migrationshintergründen erfolgte zum einen aufgrund der quantitativen Bedeutung, die diese Migrationshintergründe für das Migrationsgeschehen in Deutschland in den letzten Jahrzehnten gespielt haben (siehe Bundesamt für Migration und Flüchtlinge 2011), zum anderen aufgrund der qualitativen Bedeutung, die diese Jugendliche in aktuellen Integrations- und Devianzdebatten spielen (Babka von Gostomski 2000; Kecskes 2003; Baier/Pfeiffer 2008). Zudem scheinen sie vor dem Hintergrund des Afghanistaneinsatzes der Bundeswehr sowie möglicher Einsatzszenarien im arabischen Raum angesichts fortdauernder politischer wie sozialer Instabilität für eine potenzielle Nachwuchsgewinnung für Auslandseinsätze von besonderer Relevanz zu sein. Aufgrund der Annahme, dass für die Begründung der Wahrnehmung der Bundeswehr durch die Jugendlichen (neben der Familie und den Medien) die *Peer*-Gruppe ein zentraler Bezugspunkt ist, wurde die Teilnahme an den Gruppendiskussionen jedoch nicht auf Jugendliche mit türkischen und arabischen Migrationshintergründen beschränkt, sondern stand, die soziale Vernetzung der Jugendlichen berücksichtigend, ihren *Peers* offen, auch wenn diese einen anderen oder keinen Migrationshintergrund aufwiesen. Die Gewinnung der Teilnehmerinnen und Teilnehmer erfolgte im Wesentlichen durch eine Moderatorin und einen Moderator, die beide einen türkischen Migrationshintergrund hatten, über muslimische Gemeinden, Jugendtreffs und Sportvereine. Dabei wurde über das Erkenntnisinteresse der Studie offen informiert. Die Teilnahme wurde mit Gutscheinen im Wert von 10 Euro zum Einkauf bei einer jugendaffinen Modekette vergütet.

Zwischen März und Juni 2010 wurden vier Fokusgruppendiskussionen in München, Hamburg und Berlin mit jeweils zwischen drei und sechs Jugendlichen in den Einrichtungen, in denen diese gewonnen wurden, durchgeführt. Die einzelnen Gruppen unterschieden sich in ihrer Zusammensetzung wie folgt:[12]

- Gruppe 1 (München): 5 männliche Teilnehmer mit ägyptischem, tunesischem, kroatischem, ukrainischem und argentinischem Migrationshintergrund im Alter zwischen 18 und 19 Jahren, die alle das Gymnasium besuchten;

- Gruppe 2 (München): 2 männliche Teilnehmer, 2 weibliche Teilnehmerinnen mit türkischem, afghanischem und kolumbianischem Migrationshintergrund sowie 1 männlicher Teilnehmer ohne Migrationshintergrund im Alter zwischen 17 und 19 Jahren, die alle das Gymnasium besuchten;

- Gruppe 3 (Hamburg): 3 männliche Teilnehmer mit türkischem Migrationshintergrund im Alter zwischen 16 und 18 Jahren, die die Haupt- oder Realschule besuchten;

- Gruppe 4 (Berlin): 6 männliche Teilnehmer mit türkischem Migrationshintergrund im Alter zwischen 16 und 19 Jahren, die integrierte Schulformen mit Haupt- und Realschulabschluss besuchten oder in Ausbildung waren.

Da die Subjektivität der Forscherin bzw. des Forschers im qualitativen Forschungsprozess keinen zu vermeidenden Störfaktor, der zu Verzerrungen führt, darstellt, sondern als spezifisches Medium der

---

12 Die Forschungsstrategie zur Gewinnung der anhand vorab bestimmter Kriterien festgelegten Untersuchungsgruppe lässt sich als *A-priori-determination-Sampling* (Flick 2009) verstehen.

Erkenntnisgewinnung, der qua Reflexivität methodisch kontrollierbar ist, konzipiert werden kann, ist es an dieser Stelle wichtig, kurz auf die Positionierung der Moderatorinnen einzugehen.[13] Die Moderatorin der beiden Münchner Gruppendiskussionen hatte als Mitte 20-jährige Diplompsychologin mit türkischem Migrationshintergrund praktische Erfahrungen in qualitativer Forschung; eine Verbindung zur Bundeswehr bestand durch ein Forschungspraktikum am Sozialwissenschaftlichen Institut der Bundeswehr, aus dem eine Diplomarbeit zu interkultureller Kompetenz in den Streitkräften resultierte. Der Moderator der Gruppendiskussionen in Hamburg und Berlin, der ebenfalls Mitte 20 Jahre alt war, diente als Soldat mit türkischem Migrationshintergrund bei der Bundeswehr, hatte demnach starke persönliche Bezüge zur Untersuchungsthematik; Kenntnisse zu qualitativer Forschung waren im Rahmen eines Studiums erworben worden. An der Berliner Gruppendiskussion war zudem der Autor dieses Beitrages als zum damaligen Zeitpunkt Mitte 30 Jahre alter ziviler wissenschaftlicher Mitarbeiter am ehemaligen SOWI mit Wehrdiensterfahrung anwesend; der vorhandene polnische Migrationshintergrund war nicht ersichtlich.

Die Entscheidung, in der Studie eine Moderatorin und einen Moderator mit türkischem Migrationshintergrund einzusetzen, basierte auf der Annahme, dass Zugehörigkeitsfantasien und Identifikationsdynamiken insbesondere von Seiten der Jugendlichen aufgerufen würden, die nicht nur den Feldzugang und eine offene Diskussionsatmosphäre erleichtern sollten, sondern interdependente Effekte der Wahrnehmung von Ethnizität und Geschlecht zeitigen dürften, die im Hinblick auf die Frage nach einer Übertragung über die Forschungssituation hinaus auf zielgruppenspezifische Adressierungen interessant sein könnten.

Eine vergleichende Analyse der Beziehungs- und Interaktionsdynamik in den Gruppendiskussionen weist in dieser Hinsicht auf die Bedeutung der Intersektionalität von Ethnizität und Geschlecht hin (vgl. dazu auch Cuadraz/Uttal 1999; Lutz 2002; Bürkner 2012).

---

13 Siehe dazu die Sonderausgaben der Zeitschrift *Forum Qualitative Sozialforschung* zu Subjektivität und Selbstreflexivität im qualitativen Forschungsprozess (Mruck/ Breuer 2003; vgl. auch Kühner/Langer 2010).

Während in allen Gruppendiskussionen an unterschiedlichen Stellen ein prinzipielles Interesse an einem Dienst in der Bundeswehr aufscheint, sind es lediglich die beiden Gruppendiskussionen in Hamburg und Berlin, an denen diese im Gespräch mit dem männlichen Moderator türkischer ‚Herkunft' aufgenommen und weiter konkretisiert werden. In diesem Zusammenhang stellten die Jugendlichen Fragen bezüglich des Dienstes bei der Bundeswehr, es wurden aber auch ungefragt Hintergründe und Karriereperspektiven durch den Moderator aufgezeigt. Dabei wurde mehrfach auf ein informelles Sprechen darüber nach der ‚offiziellen' Gruppendiskussion verwiesen, wie folgendes Beispiel aus Gruppendiskussion 3 veranschaulicht:

Engem: Ja, also ich würde eigentlich gerne wissen: Wie kommt man eigentlich dazu, da (…) zum Beispiel in die Universität der Bundeswehr also einzutreten oder das ist ja genau wie eine normale Uni, nur du (…) in Richtung Bundeswehr. Und wie kann man sich da eigentlich anmelden oder auch informieren lassen oder so?

Interviewer: Ja, das kann ich dir am besten auch nach dem Interview sagen, weil die wissen das ja. Aber das kann ich dir danach sagen.

Es zeigen sich in dieser Hinsicht Identifikationsprozesse von beiden Seiten aufzeigen, die sich als Fantasien kultureller Zugehörigkeit verstehen lassen. Sie bilden sich auch an mehrfachen Stellen in den beiden Gruppendiskussionen ab, an denen extensiv über mann-männliche Fußballaktivitäten in türkischen Sportvereinen in Deutschland gesprochen wird. Als erweiterte *Peer Research Encounters* (vgl. Kühner/Langer 2010) offenbaren sie eine spezifische Diffusion der Rolle als Forschender und als Mitglied einer gemeinsamen ethno-kulturell markierten Gemeinschaft.[14] Insgesamt zeigt sich in den Gruppendiskussionen, die durch den Moderator geführt wurden, eine Tendenz, dass Ambivalenzen und mögliche Probleme in Bezug auf

---

14 Zum Begriff ethno-kultureller Zugehörigkeit oder Mitgliedschaft siehe Mecheril (2002: 109-110). Er reagiert damit auf die Feststellung, dass „[s]obald man sich empirisch mit Differenzverhältnissen beschäftigt, die im Kontext von Nation, Kultur und Ethnizität liegen, (...) das Ineinandergreifen der Begriffe unübersehbar (wird). Auf der Ebene von Selbst- und Fremdbeschreibung gilt, dass nationale, ethnische und kulturelle Zugehörigkeit zu einem unentwirrbaren, diffusen Gebilde verflochten sind."

den Dienst von Menschen mit Migrationshintergrund in der Bundeswehr ausgeblendet werden; dies kann als Effekt eines Unbehagens verstanden werden, demzufolge die Diskussion von möglichen Problemen mit einer Relativierung der wahrgenommenen Vorbildfunktion, die eine situationsbezogene Anerkennung impliziert, einhergehen würde. Darauf wird im Zuge der Entwicklung der Thesen und der Diskussion der Befunde noch zurückzukommen sein.

Für die Gruppendiskussionen wurde vorab ein Leitfaden konstruiert, der die Themengebiete, die als relevant für die Untersuchungsfrage eingeschätzt wurden, abdeckte.[15] Er wurde als grobe Orientierungshilfe verstanden, die die Offenheit des Diskussionsverlaufes für die Relevanzsetzungen der Jugendlichen nicht beeinträchtigen sollte. Die Gruppendiskussionen dauerten zwischen 32 und 77 Minuten (Durchschnitt: 46 Minuten). Sie wurden digital aufgezeichnet und durch einen professionellen Schreibservice verbatim transkribiert.

Die Auswertung der vorliegenden Transkripte erfolgte entlang eines offenen Kodierens im Sinne von Strauss (2007: 90-123).[16] Die herausgearbeiteten Konzepte wurden unter Bezugnahme auf sozialwissenschaftliche Ansätze zu Migration, Identität und Zugehörigkeit weiter verdichtet. Die für eine Beantwortung der explorativen Untersuchungsfrage wesentlich erscheinenden Aussagen werden im Folgenden dargestellt.

Befunde der Gruppendiskussionen

Die ausgewählten Ergebnisse der Auswertung der Diskussionstranskripte werden thematisch aufeinander bezogen vorgestellt. Sie

---

15 Schwerpunktmäßig waren diese: Selbstverständnis, gesellschaftliche Stigmatisierungs- und Diskriminierungserfahrungen, Bezüge zu Militär im Allgemeinen und Bundeswehr im Besonderen, Bilder des Soldatseins in der Bundeswehr, Wahrnehmungen von Soldatinnen und Soldaten in der Öffentlichkeit sowie der medialen Repräsentationen der Bundeswehr.

16 In der Studie wurde keine *Grounded Theory-Methodologie* im Hinblick auf zentrale Merkmale des theoretischen Samplings, des axialen und selektiven Kodierens sowie des Schreibens von Memos verwendet, da es sich um eine explorative Studie mit vorab bestimmter Sampling-Strategie handelt.

betreffen Erfahrungen der gesellschaftlichen Stigmatisierung und Diskriminierung, die Artikulation von ethno-kultureller Identität, vorhandenene persönliche und familiär vermittelte Bezüge zu Militär sowie Vorstellungen von Bundeswehr als Institution und Soldatsein als Beruf.

Erfahrungen der Stigmatisierung und Diskriminierung

Bemerkenswert ist zunächst, dass die Teilnehmerinnen und Teilnehmer über alle Gruppendiskussionen hinweg über vielfältige Stigmatisierungs- und Diskriminierungserfahrungen in Deutschland berichten.[17] Dabei wird mehrfach auf Situationen im Fußball rekurriert:

Im Fußballverein habe ich das mal mitgekriegt, und zwar eben eine Mannschaft, wo eigentlich hauptsächlich wohlhabendere Deutsche gespielt haben, deutsche Jungs, Jugendliche. Und die haben eben mich und noch zwei andere eben spüren lassen, dass wir eben aus (...), ähm, aus anderen Ländern eben kommen. Also da war auch noch Spanien und dann einmal der Irak dabei und Afghanistan vermischt. Auf jeden Fall, die haben uns eben auch beleidigt. Auf Turnierfahrten nach Italien haben die uns eben in angetrunkenem Zustand runtergemacht als, ja, (...) mit ausländerfeindlichen Beleidigungen eben. Und das war dann auch der Grund, warum ein Großteil der Mannschaft dann eben gewechselt hat in andere Vereine. (Faith; GD 1)

Ja, bei mir war es so eine gewisse Erfahrung, als ich mal beim Probetraining bei einer großen Mannschaft war, das war (…) da waren fast nur Deutsche, und ich war fast der einzige Türke oder Ausländer besser gesagt. Und mein Vater konnte nicht so gut Deutsch, und da haben sie wirklich extra Hoch (…) richtig qualifiziert Deutsch geredet, dass mein Vater gar nichts versteht. Und da haben wir auch ein paar Fehler gemacht so, wo er es gar nicht verstanden hat, ob er ja oder nein gesagt hat. Und, ähm, ja, da haben sie wirklich, äh, extrem meinen Vater richtig niedergemacht und auch bei mir, ähm, haben in der Kabine, äh, Sachen

---

17 Stigmatisierung und Diskriminierung werden hier im Bewusstsein der in der Literatur zu findenden mangelnden Trennschärfe begrifflich enggeführt. Eine Unterscheidung etwa zwischen gefühltem und verinnerlichtem Stigma auf der einen und einem erlebten Stigma als konkrete Diskriminierung auf der anderen Seite scheint aufgrund des subjektiven Wahrnehmungsfilters der Erfahrungen problematisch (siehe dazu z. B. Parker/Aggleton 2003).

gesagt, äh, die gar nicht (...) gar nicht zum Fußball gehören oder so. (Er   an;
GD 3)

Fußballer: Ich hatte auch bei Auswärtsspielen mit der Mannschaft, wenn wir mal
in Leipzig oder Dresden waren, da gab es ja auch schon recht radikale Leute, und
schon da, wo wir aus dem Bus ausgestiegen sind, haben sie uns so begrüßt, als
wären wir die Schlimmsten, als hätten wir was Schlimmes vor. Wir wollten nur
gehen und unser Spiel spielen. Aber man hat schon erkannt, dass wir da uner-
wünscht waren so. (...)
Interviewer: Und dann hier und da mal öfter einen blöden Spruch gemacht haben.
Fußballer: Ja. Vor zwei Jahren ist auch was passiert. Ich meine, mein Bruder
war damals Ballholer bei dem Spiel Türkiyemspor gegen Dynamo Dresden. Und
er meinte zu mir, er hat sich nicht getraut, vor dem Block von den Dynamo-
Dresden-Zuschauern zu stehen, also die durften das auch nicht. Auf einmal haben
die angefangen, mit Fladenbrot rumzuwerfen und so (lacht). (GD 4)

Auch Szenen, die sich auf alltägliche soziale Interaktionen in der Öffentlichkeit, beispielsweise in der S-Bahn oder bei Einlasskontrollen in
Discotheken, auf Bewerbungsgespräche für Praktika und im schuli-
schen Umfeld durch Mitschülerinnen und Mitschüler, Lehrerinnen
und Lehrer beziehen, werden geschildert.

Und in der Schule ist es auch passiert, damals jetzt. Auch von den Lehrern hatte
ich das Gefühl, dass Ausländer so (…) ja, nicht so gewollt sind wie die Deutschen
jetzt. (Fußballer; GD 4)

Burat: In der Schule zum Beispiel habe ich so was öfter erlebt, dass man halt
ausgegrenzt wird, weil man Ausländer halt ist.

Interviewer: Von den Lehrern oder von den Mitschülern?

Burat: Von den Lehrern her eher weniger, aber eher von den Mitschülern, dass
man zur Seite gedrängt wird und sagt: „Ja, pass mal auf, du bist ein Ausländer.
Geh du mal deinen Weg, ich gehe meinen Weg.“

Interviewer: Kannst du das ein bisschen konkreter beschreiben? Was für eine
Situation war das zum Beispiel, wo das passiert ist?

Burat: Also zum Beispiel, wenn man in eine Klasse neu reinkommt, da wurde
man halt schon verurteilt, so gesehen. Das ist hier ein Ausländer. Setz du dich

mal lieber hier rüber, ich will nicht neben dir sitzen zum Beispiel. Das ist so ein direkteres Beispiel jetzt gewesen. (GD 4)

Also bei mir (...), also ich habe es zwar noch nie erlebt, dass jemand zu mir gesagt hat: „Scheiß Ausländer!", aber halt weil ich halt aus Afghanistan komme, lebe ich halt wie ein Taliban und Al Kaida. Aber ehrlich gesagt ist es mir eigentlich total egal, weil, das beeinflusst mich gar nicht. Mir ist es egal, wenn jemand sagt: „Scheiß Ausländer" oder irgendwie (...). (Suzan; GD 2)

Ja, ich habe es auch miterlebt, erlebe es leider immer noch sehr oft auf verschiedene Art und Weise eigentlich und von verschiedenen Leuten. Das können irgendwelche alten Menschen sein, die eben häufig irgendwelche dummen Sprüche auch in der U-Bahn oder so was ablassen, aber auch teilweise Lehrer, die einen schon lange kennen, die dann irgendwie einfach dumme Kommentare ablassen, wie jetzt, keine Ahnung, irgendwie wenn ich sage: „Ja, meine Eltern sind geschieden", „Ja, wird deine Mutter nicht gesteinigt, weil sie sich hat scheiden lassen wollen von deinem Vater?" Und das wirklich von Lehrern zu hören, die einen schon jahrelang kennen und es einfach wissen, dass man einfach auch nicht aus so einer Familie kommt, in der solche patriarchalen Strukturen herrschen. (Sennap; GD 2)

Bezeichnenderweise werden die im Kontext Schule berichteten stereotypen Zuschreibungen in der Gruppendiskussion 2, an der ein nicht-migrantischer Mitschüler teilnimmt, reproduziert, als eine Teilnehmerin über ihren türkischen Vater erzählt und dies mit der vermeintlich scherzhaft ‚gemeinten' Frage „PKK oder was?" (Felix; DG 2) kommentiert wird.

Für die vorliegende Fragestellung von Bedeutung sind zudem jene Stigmatisierungs- und Diskriminierungserfahrungen, die – vereinzelt – im Zusammenhang mit polizeilichen Kontrollen als Ausdruck des staatlichen Gewaltmonopols thematisiert und auf das eigene ‚fremde' Aussehen zurückgeführt werden:

Als Ausländer wird man öfters angesprochen von der Polizei als ein Deutscher. Das ist, glaube ich, ganz klar. Das sagen auch die Polizeibeamten, dass sie eher nach Klischees gehen. (Ahmed; DG 1)

Bei diesen Berichten ist es zweitrangig, ob es in den Situationen zu „objektiv" nachweisbarer Diskriminierung aufgrund des Migrationshintergrundes gekommen ist; wichtig ist, dass sie von den

Befragten als solche begriffen wurde und damit die Wahrnehmung ihrer sozialen Realität und ihr soziales Handeln beeinflusst. Die Erfahrungen werden dabei ursächlich auf phänotypische Merkmale des Aussehens wie Hautfarbe und die ‚arabische Haarfarbe‘, auf Namensgebung und sprachliche Kompetenzen zurückgeführt und bilden vielfach eine soziale Rahmung ab, die biografisch-familiäre Bezüge zu muslimisch geprägten Regionen mit kulturellen und religiösen Vorurteilen kurzschließen und im Kontext aktueller Sicherheitsdiskurse nach den Ereignissen des 11. September 2001 als bedrohlich erscheinen lassen.[18] In den Schilderungen der Erfahrungen präsentieren sich die Befragten zugleich nicht primär als Opfer, sondern vermitteln mehrheitlich einen kontrollierten, reflexiv-strategischen Umgang mit diesen Erfahrungen einer Verweigerung sozialer Anerkennung.[19]

Artikulation von Identität

Die theoretische Annahme, dass diese stigmatisierenden Zuschreibungen auch die Ausbildung und soziale Artikulation von Identität beeinflussen, bildet sich in den Gruppendiskussionen auch empirisch ab. Ein kohärentes Identitätsgefühl wird in diesem Sinn von denjenigen Teilnehmerinnen und Teilnehmern geäußert, die entweder keinen Migrationshintergrund besitzen („Ja, ich fühle mich natürlich als Deutscher, weil ich halt auch ein Deutscher bin." [Felix; GD 2]), oder

---

18 Andere Migrationskontexte wie Südamerika oder Osteuropa werden in den Diskussionen nicht als bedrohlich markiert. Das kaukasische Aussehen eines Teilnehmers erscheint eher Auslöser für ‚deutschfeindliche‘ Erfahrungen der Stigmatisierung durch migrantische Ingroups. Zugleich werden andere Umgangsstrategien mit ‚schwierigen‘ Erfahrungen berichtet; so erscheint die Selbstpräsentation als Tourist in potenziell stigmatisierenden Situationen als Möglichkeit, phänotypische und sprachliche Differenzmerkmale gegenüber ‚Deutschen‘ positiv umzuwerten und statt Ablehnung Gastfreundschaft und situative Unterstützung zu erfahren.

19 In den Gruppendiskussionen ist kein Fall rekonstruierbar, in dem Erfahrungen der Stigmatisierung und Diskriminierung zu gewaltbezogenen oder radikalisierenden Ansichten oder Praktiken beitrugen oder führten, wie mitunter in Medien, Politik und Wissenschaft nahegelegt wird, wenn etwa die ‚Riots‘ in Frankreich und England in den letzten Jahren mit Exklusionserfahrungen in Verbindung gebracht werden (vgl. z. B. Murray 2006; Wenden 2006; Keller et al. 2008; Guney 2010).

deren Migrationshintergrund aufgrund phänotypischer Merkmale nicht ersichtlich ist und von denen spezifische Stigmatisierungs- und Diskriminierungserfahrungen dadurch als marginal beschrieben werden, wie die folgenden Aussagen veranschaulichen:

Dario: Meine Eltern kommen auch beide aus Kroatien. Ich wurde aber hier geboren. Ja, bin mein Leben lang in Deutschland, wohne auch hier und mache jetzt in der 12. Klasse mein Abitur. (...) Und ich meine, optisch weise ich jetzt auch nicht irgendwie unnatürlich (...) ach, nee, ich sage mal, für diese Region unnatürlichen Merkmale auf. Deswegen habe ich auch eigentlich keine Probleme. (...)

Interviewerin: Und wie seht Ihr Euch denn selbst?

Dario: Eher als Deutscher, ehrlich gesagt. Ich sehe mich eher als Deutschen. (Dario; GD 1)[20]

In den übrigen Fällen folgen der Frage, wie die eigene Identität angesichts des Migrationshintergrundes begriffen wird, zumeist längere Ausführungen, die eine eindeutige Festlegung, auch im Kontext vielfältiger Zuschreibungen, problematisieren.

Ich habe die deutsche Staatsbürgerschaft, schon seit langem. Aber trotzdem fühle ich mich nicht wie ein Deutscher. Die meisten Menschen verstehen es halt nicht. Das hat auch was mit der Religion zu tun. (...) Das ist die aktuelle Diskussion über den Islam. Die meisten Menschen denken halt, dass der Islam hier nicht reingehört, weil es eine andere Kultur ist. Dabei vergessen die meisten, dass der Islam keine Kultur ist, sondern eine Religion. Eine Religion kann sich ja an jede Kultur anpassen, solange sie nicht diese Grundvoraussetzungen überschreitet. Das verstehen halt manche nicht. Manche denken sich, ja, Islam: Kopftuch, Bart und alles. Das passt halt nicht dazu. (Ahmed; GD 1)

Ja, ich finde es, ehrlich gesagt, schwierig zu unterscheiden, also weil vor allem so, wenn man die Familien anschaut, also so aus den orientalischen Ländern, die Familiengemeinschaft, die ist viel enger und herzlicher. Also wenn ich jetzt meine

---

20 Ein dritter Fall betrifft einen in der Türkei geborenen und dort aufgewachsenen Befragten, der seit Kurzem erst in Deutschland lebte und sich im Gespräch „natürlich als Türke" (Acuner; GD 4) verstand. Hier sind starke Sozialisationseffekte anzunehmen; die Artikulation kann zudem unterschiedliche Funktionen erfüllen, etwa als Selbstbehauptung angesichts erfahrener Exklusions- und Anerkennungsverweigerung.

Familie in Ägypten mit der hier in Deutschland vergleiche, das ist wie Tag und Nacht. Hier hat man keine Familie. Das ist eigentlich nur die Kleinfamilie: Mama, Papa, Schwester. Und das war's halt. Und man selber. Und in Ägypten ist es halt wirklich: Da weiß man halt, wo man hingehört. Und man fühlt sich einfach zu Hause, egal, wo man hingeht, man fühlt sich zu Hause. Hier, wenn man seinen Wohnort, da, wo man halt lebt, halt verlässt, dann ist man nicht mehr zu Hause, dann ist man irgendwo anders. Egal, ob man jetzt Tante, Oma, Opa besucht, das ist was ganz was anderes. Darum fühlt man sich, denke ich, so familiär eben eher dann in dieser (...) ja, bei mir in der orientalischen Familie, fühlt man sich da eher hingezogen. An sich spreche ich ja eher Deutsch, ist ja meine Muttersprache. Dann, ich genieße die deutsche Ausbildung, ich lebe in Deutschland, ich habe deutsche Freunde. Letztendlich, an sich bin ich deutsch. Aber halt dann (...) die Familie ist halt dann eher der ägyptische Teil dann. Also da denke ich, kann man halt recht gut unterscheiden und sollte man auch unterscheiden. (Faith; GD 1)

Burat: Also ich bin hier aufgewachsen und groß geworden, bin auch hier zur Schule gegangen. Ich sage mal so: Ich bin in beidem aufgewachsen, ich fühle mich eigentlich als beides, so gesehen. Denn beides ist meine Muttersprache und ja. Beides hat Vor- und Nachteile.

Fußballer: Wenn du irgendwo reingehst, sagen die: „Guck mal, der Deutsche ist gekommen"?

Burat: (Lacht) Ist schon klar, dass die dann schon sagen: „Da kommt ein Ausländer, das ist ein Türke."

Fußballer: Genau.

Burat: Da gebe ich dir schon Recht. Aber wiederum: Wenn ich jetzt zum Beispiel in die Türkei fahre oder fliege, da werden die sagen: „Guck mal, da ist ein Deutscher."

Fußballer: Doch, so ist es wirklich bei uns. Hier sind wir Ausländer und in der Türkei, genau Almancı. Auch Ausländer: „Guck mal da, der aus Deutschland ist wieder da.". (GD 4)

Der Rekurs auf zwei- oder mehrfache Zugehörigkeiten aufgrund biografischer oder familiärer Herkunft, der sich in diesen Aussagen andeutet, durchzieht einen Großteil der identitätsbezogenen Passagen der Gruppendiskussionen:

Also ich fühle mich auch beiden Seiten angehörig, weil, ich bin hier geboren. Ich meine, in der Türkei, okay, bin ich nur im Urlaub. Ich weiß nicht, wie das Leben dort ist. Also nicht wirklich, weil ich noch nie dort gelebt habe. Aber, also, ich lebe hier, ich bin hier geboren einerseits, aber andererseits komme ich auch aus der Türkei, und beide Seiten bin ich auch. (Dilan; GD 2)

Ich sehe mich selber als deutsche Türkin. Also, das ist so richtig so das klischeehafte Gelabere, die deutsche Flagge und der rote Streifen in der Mitte mit dem Mond und Stern oder so. Aber es ist einfach wirklich so. Also ich würde vielleicht sagen (...) ich kann gar nicht sagen, ob mehr oder weniger, aber natürlich ist es automatisch mehr deutsch, weil ich einfach nicht so (...) weil ich einfach weniger Bezug zu der türkischen Herkunft hab, weil ich da nicht aufgewachsen bin, weil ich da viel seltener bin, weil ich nicht so viele Menschen kenne, die wirklich aus der Türkei kommen, also wirkliche Türken, jetzt nicht die, die halt hier leben. Und ich finde es auch (...) also was mir auch Probleme macht, ist wirklich das zu definieren, zu sagen (...) weil, ich kann (...) ich könnte mich nicht entscheiden, weil ich nicht weiß, wie es ist, deutsch zu sein. Ich weiß auch nicht, wie es ist, türkisch zu sein. Ich finde, das ist schon (...) ich kann es nicht selber definieren. Deswegen sage ich: Ich bin eine deutsche Türkin. Weil ich einfach nicht (...) auch wenn ich wollen (...) auch wenn ich mich entscheiden wollen würde, kann ich nicht sagen, ich bin jetzt deutsch, weil, ich bin's einfach nicht. Ich (...) es ist halt einfach so. Ich weiß nicht, wie sich eine richtige Deutsche anfühlt oder eine richtige Türkin, wie es ist, eine richtige Türkin zu sein. Und deswegen ist es einfach beides. (Sennap; GD 2)

Ja, bei mir weiß ich es leider nicht genau. Also dadurch auch, dass ich als Kind immer ein halbes Jahr zum Beispiel in Argentinien war und ein halbes Jahr wieder hier in Deutschland. Da habe ich nicht so wirklich ein Zuhause gehabt und kann es eigentlich nicht so festlegen. Aber eigentlich ist es bei mir wie bei ihm, dass die Familie in Argentinien schon mehr mir (...) also mir persönlich mehr bedeutet als die hier in Deutschland. Die sehe ich nicht wirklich oft und das sind auch meistens nur so kleine Treffen, wo man ein bisschen redet. Aber die Familie von mir in Argentinien ist eher herzlicher und auch mehr wie eine Familie. Und deshalb von der Familie her würde ich sagen, bin ich eher Argentinier. Und sonst so eher Deutscher. Eigentlich beides. (Hans; GD 1)

Der zuletzt zitierte Fall ist aufschlussreich, da das ,In-der-Schwebe-Halten' der ethno-kulturellen Verortung als Zugehörigkeit, das sich in den meisten Aussagen der Teilnehmerinnen und Teilnehmer zeigt, eben nicht auf die vielfach in der wissenschaftlichen und politischen Diskussion befindliche weitere Fixierung auf eine Bindestrichidentität zurückführen lässt. Erst nachdem die Moderatorin hartnäckig eine solche Identität an den Gesprächspartner heranträgt, lenkt dieser schließlich ein:

Interviewerin: Also man sagt ja auch zum Beispiel Deutsch-Türken, Deutsch-Italiener, Deutsch-Araber. Es gibt ja auch diesen Begriff, dass man beides zugleich sein kann.

Hans: Hm.

Interviewerin: Kannst du damit was anfangen für dich?

Hans: Ja, schon.

Interviewerin: Kannst du sagen: Ich bin Deutsch-Argentinier?

Hans: Ja, schon. Das würde eigentlich am besten passen.

Interviewerin: Am besten passen, okay. Super, vielen Dank! (GD 1)

Die Moderatorin erscheint an dieser Stelle in der Diskussion als Repräsentantin eben jener politisch korrekten Rhetorik der Bindestrichidentität, die von den Befragten von sich aus an keiner Stelle genutzt wird. Der direkt Befragte und mit der Zuschreibung Konfrontierte übernimmt diese wohl nicht zuletzt, weil sie offensichtlich in dieser Situation als Selbstbeschreibung erwartet, gewünscht und über die positive Rückmeldung „Super. Vielen Dank!" Anerkennung verspricht. Dies ist nicht einfach als ein Fehler der suggestiv nachhakenden Moderatorin zu verstehen, sondern weist auf die in allen Gruppendiskussionen zu findende (selbst-)reflexive Strategie einer situativen Positionierung hin. So vermerken an anderer Stelle zwei Diskussionspartner:

Mikael: Also bei mir ist es meistens so der Fall, dass es Situationen gibt, da wo ich mich deutsch fühle, und wirklich auch Situationen gibt, da wo ich sage: Ich bleibe lieber beim Türkischen. Und es ist meistens so, zum Beispiel, wenn ich eine längere Zeit in der Türkei bin, merke ich das auch, weil die ja genau wissen, dass wir aus Deutschland kommen, die, sagen wir mal, Bekannten. Und halt, ähm, so wie, ähm, (…) so wie Dinge wie „du Deutscher" sagen zu jemandem. „Du kommst (…) du bist sowieso hier ein Tourist" und dann habe ich schon so im

Hintergedanken: Wann gehe ich wieder endlich nach Deutschland zurück? Weil hier alles, ähm, nicht so stark ist, so wie das da ist. Und hier fühle ich mich halt, weil ich hier auch geboren bin, zuhause. Also es ist eine gewohnte (…) gewohnte Umgebung und ich kenne mich überall aus und (…) ich kann mir nicht vorstellen, jetzt, ähm, in diesem Alter schon für immer nach, was weiß ich, in die Türkei zu ziehen oder in irgendein anderes Land.

Engem: Ja, ich (…) es ist so ja, dass zum Beispiel es in der Türkei immer so ist, wenn du in Urlaub bist, wie mein Freund gesagt hat auch, dass du da auch als Ausländer giltst, weil du (…) die merken sofort, dass du nicht von hier bist und, ähm, sagen dann: „Ja, aber du bist ein Ausländer", kommst dann nach Deutschland und wirst dann auch da diskriminiert und die sagen: „Du bist dann auch ein Ausländer" und, ja, was soll ich (…) was soll man sagen so? Ich fühle mich eigentlich, ähm, hier wie ein (…) so ich habe mich einfach in Deutschland integriert und ich vers(…) ich muss mich ja an Deutschland anpassen und nicht Deutschland an mich, und deswegen ist es eigentlich für mich kein Problem so. Es gibt Situationen, wo ich sage: „Ich bin Deutscher", und es gibt Situationen, wo ich sage: „Ich bin Türke." (GD 3)

Zusammenfassend zeigt sich in den Gruppendiskussionen weder eine bikulturelle Identitätskonstruktion, die in einer Defizitperspektive oft metaphorisch als ‚Zwischen-den-Stühlen-Sich-Befinden' beschrieben wird, noch eine in der Literatur zu findende Vorstellung einer positiv konnotierten hybriden Identität, sondern vor allem ein recht souveräner und reflektierter, z. T. auch strategischer Umgang mit den nationalen, kulturellen, religiösen Bezügen in bestimmten Situationen und Lebensbereichen.[21] Vor dem Hintergrund neuerer

---

21 Siehe z. B. die folgende Aussage aus einer Diskussion: „Bei mir ist es ja ein bisschen anders. Ich bin ja nicht hier geboren, ich bin ja in Tunesien geboren. Ich habe meine Kindheit dort verbracht. Ich fühle mich als vollblütiger Tunesier. Ich fühle mich jetzt nicht als Deutscher. Vielleicht ist es halt meine Fassade nach außen, so wie ich mich gebe, so wie ich mich integriere in irgendwelche Gesellschaften. Die verändert sich. Aber das Innerliche bleibt ja für mich. Ich bin ganz klar ein Tunesier und kein Deutscher. Aber ich komme mit Deutschen klar. Ich habe auch sehr viele deutsche Freunde, Freunde von jeder Schicht, von unten nach oben, von jeder Gesellschaftsschicht, von jeder (...) von sehr vielen Ländern eigentlich, also einen Multikulti-Freundschaftskreis." (Faith; GD 1) Es ist darauf hinzuweisen, dass das Interview selbst natürlich eine spezifische soziale Situation darstellt, in der Identitätskonstruktionen im Gruppenrahmen und in Bezug auf die Moderatoren präsentiert werden.

Identitätstheorien können die so aufscheinenden Artikulationen des Selbst verständlich gemacht werden. Zum einen lassen sie sich mit Stuart Halls (1993) Konzept der ‚Cultural Identity' als strategische Positionierungen in einem Feld unterschiedlicher diskursiver Zuschreibungen fassen. Hall wendet sich in seinen einflussreichen Überlegungen gegen ein Verständnis einer essentialistisch begriffenen kulturellen Identität „in terms of one, shared culture, a sort of collective ‚one true self', hiding inside the many other, more superficial or artificially imposed ‚selves', which people with a shared history and ancestry hold in common" (Hall 1993: 223) und weist auf stets unstabile, ambivalente, nur als Momentaufnahme manifest werdende Aushandelungsprozesse hin: „Cultural identities are the points of identification, the unstable points of identification or suture, which are made, within the discourses of history and culture. Not an essence but a *positioning*. Hence, there is always a politics of identity, a politics of position, which has no absolute guarantee in an unproblematic, transcendental ‚law of origin'. (...) I understand every such position as ‚strategic' and arbitrary, in the sense that there is no permanent equivalence between the particular sentence we close, and its true meaning, as such. Meaning continues to unfold, so to speak, beyond the arbitrary closure which makes it, at any moment, possible. It is always either over- or under-determined, either an excess or a supplement. There is always something ‚left over'." (Hall 1993: 226; 230; Hervorhebung im Original)

Zum anderen sind die in unterschiedlichen sozialen Situationen je spezifischen Artikulationen von ethno-kultureller Zugehörigkeit mit Heiner Keupps (2008) Modell der Patchwork-Identität als Ausdruck eines aktiven und reflexiven Umgangs mit Teilidentitäten zu begreifen. Demzufolge bedeutet Identitätsarbeit in der mit Ulrich Beck als ‚reflexive Moderne' bezeichnete Gegenwart der Gesellschaften des Globalen Nordens, d. h. unter Bedingungen der Individualisierung, Pluralisierung und Globalisierung, einen subjektiven Konstruktionsprozess, in dem eine Passung von innerer und äußerer Welt zur aktiven Herstellung von Lebenskohärenz gesucht wird: „Identitätsarbeit hat eine innere und äußere Dimension. Eher nach außen gerichtet ist die Dimension der *Passungs- und Verknüpfungsarbeit*. Unumgänglich ist hier die Aufrechterhaltung von *Handlungsfähigkeit* und von *Anerkennung* und Integration. Eher nach ‚innen‘, auf das Subjekt bezogen ist *Synthesearbeit* zu leisten, hier geht es um die subjektive Verknüpfung der verschiedenen Bezüge, um die Konstruktion und Aufrechterhaltung von *Kohärenz* und Selbstanerkennung, um das Gefühl von *Authentizität* und *Sinnhaftigkeit.*" (Keupp 2008: 301; Hervorhebung im Original) Die Interdependenz der unterschiedlichen Ebenen der alltäglichen Identitätsarbeit lässt sich wie folgt illustrieren (Abb. 4):

Abbildung 4: Identitätsarbeit in der reflexiven Moderne

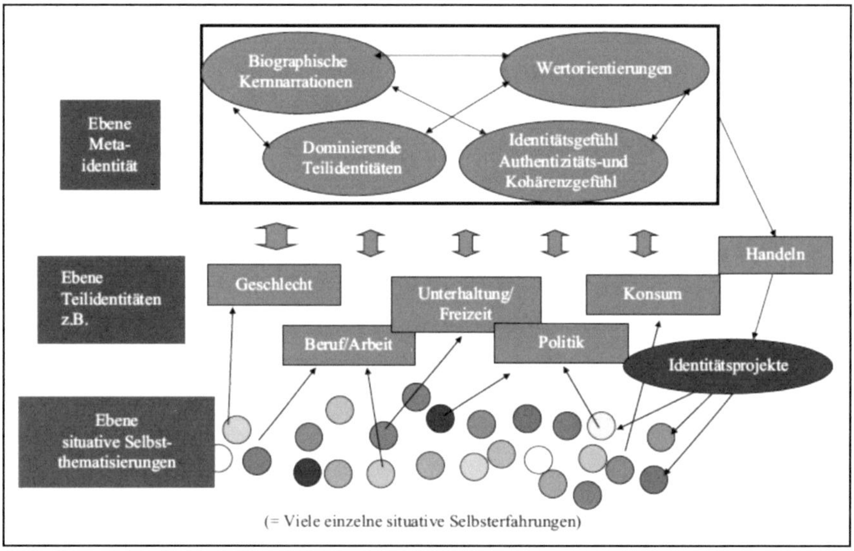

Quelle: Keupp 2008: 301.

In diesem Sinn kann die Frage nach der ethno-kulturellen Zugehörigkeit auf der Ebene situativer Selbstthematisierungen in den einzelnen Lebensbereichen, also auf der Ebene der Teilidentitäten, nicht nur unterschiedlich beantwortet werden, sondern auch unterschiedlich starke Bedeutungen erhalten. Wesentliche Voraussetzung für das Gelingen der Identitätsarbeit ist dabei soziale Anerkennung. Erfahrungen der Stigmatisierung und Diskriminierung stellen eine tief greifende Verweigerung dieser Anerkennung dar, die ethno-kulturelle Zugehörigkeit überhaupt erst auf der Ebene der Meta-Identität zu einem Problem werden lässt. Der in den Diskussionen mehrfach thematisierte Wunsch der Annahme der deutschen Staatsbürgerschaft nach Vollendung des 18. Lebensjahres durch die Jugendlichen, die rechtlich bislang als ‚Ausländer' gelten oder noch die doppelte Staatsbürgerschaft besitzen, wird in diesem Sinn ebenfalls nicht als Ausweis einer Identifikation mit dem Staat oder einem wie auch immer gefassten ‚Deutschsein' gesehen, sondern strategisch-funktional mit der Begründung, „weil man da auch mehr Möglichkeiten hat" (Suleyman; ähnlich auch Engem; GD 3) angeführt.

Im Hinblick auf die vorliegende Fragestellung wird daher zu überlegen sein, welche Zuschreibungen und Artikulationszwänge die Institution Bundeswehr beinhaltet oder welche Räume zu strategisch-spielerischen Selbstpositionierungen sie anbietet.

Bezüge zum Militär

Die überwiegende Mehrheit der Teilnehmer berichtet davon, in der einen oder anderen Art bereits mit dem Thema Bundeswehr persönlich konfrontiert worden zu sein. So wird etwa von Musterungs- oder Einberufungsbescheiden erzählt, die aufgrund der laufenden Schulausbildung jedoch keine Folgen hatten,[22] vom Besuch von Jugendmessen, auf denen die Bundeswehr einen Stand gehabt habe, und von Freunden oder Bekannten, die bei der Bundeswehr waren oder sind, ohne dass dabei ein Migrationshintergrund in der Erzählung eine Rolle spielte. Diese Berührungspunkte werden vor allem bei den älteren Befragten als Anlässe geschildert, sich zumindest kurzfristig mit der Institution selbst und dem Wehrdienst in Deutschland auseinanderzusetzen und sich über mögliche berufliche Perspektiven in der Bundeswehr zu informieren.

Da [nach Erhalt eines ‚Einzugsbriefes'; P.C.L.] hat mich das so an sich interessiert, als Plan B praktisch, falls Studium oder so nicht hinhauen sollte, falls ich

---

22 Ahmed, Faith, Hans und Dario etwa sprechen in Gruppendiskussion 1 von „Einzugsbriefen", die sie kurz nach ihrer Volljährigkeit bekommen hätten, als die Aussetzung der Wehrpflicht noch nicht in Kraft getreten sei.

irgendwie das Abitur verhaue, was es eigentlich nicht den Anschein macht, zum Glück. (Faith; GD 1)

Ich habe zwei Freunde gehabt, die zur Bundeswehr gegangen sind. (…) Der eine ist erst seit zwei Wochen ungefähr wieder hier, und der andere ist schon ein bisschen länger wieder hier. Also, der eine war jetzt auch in Afghanistan drüben gewesen, und ich weiß nicht, ob der jetzt schon wieder da ist oder nicht. Aber der eine ist jetzt zurück, den habe ich auch letztens wieder gesehen, habe auch ein bisschen mit dem gesprochen. (Göktan; GD 4)

Süleyman: Doch, doch, ich weiß noch. Wir waren ja auf so einer Messe, wo (…) ich weiß nicht mehr (…)

Interviewer: So einer Jobmesse bestimmt.

Süleyman: Ja, genau.

Mikael: Genau, im Flughafen war das.

Süleyman: So eine Jobmesse. Da waren wir. Da hatten wir sozusagen reingeschnuppert, wie das da ist und so, und dann haben die uns da vorgestellt, was man da alles machen könnte.

Engem: Was für Ausbildungen und so weiter.

Süleyman: Ja. Und was (…) auch mal einen Flugschein oder so bekommen kann. (GD 3)

Göktan: Ja, zum Thema Bundeswehr gibt es ja sehr viele Aktionen, zeigen ja auch die Ausbildung zum Beispiel auf der YOU-Messe. In Berlin hat ja öfter was stattgefunden.

Interviewer1: Das ist eine Berufsmesse, ne?

Göktan: Ja, die präsentieren da die verschiedenen Berufe, zum Beispiel Polizist, also auch was mit der Bundeswehr, Ausbildungsmöglichkeiten, die es hat. Also wird schon da so vorgestellt.

Interviewer1: Du warst dort auf der Messe?

Göktan: Ja, öfter. (GD 4)

Dies bildet sich in einem gewissen Basiswissen aus, das die Aussetzung der Wehrpflicht, die deutsche Staatsbürgerschaft als Voraussetzung des Dienstes, den Einsatz der Bundeswehr in Afghanistan und unterschiedliche, insbesondere technikbezogene Ausbildungspfade oder Studienoptionen beinhaltet.[23] Diese Auseinandersetzungen – auch die, die sich durch die direkte Freundschaft mit Bundeswehrangehörigen ergeben (haben) – erscheint in den Erzählungen jedoch situationsbedingt oder episodenhaft, ohne dass sie in den meisten Fällen mit konkreteren Überlegungen bezüglich eines Dienstes bei der Bundeswehr verbunden wurden. Eine bemerkenswerte Ausnahme bietet dabei eine Diskussionsteilnehmerin, die die Bundeswehr in Bezug auf ein Medizinstudium als eine interessante Option darstellt und zugleich zwei soziale Referenzen für die subjektive Rahmung der Wahrnehmung der Bundeswehr anführt, die auch in den anderen Diskussionen relevant waren:

Also ich hab (...) ich wollte mal (...) eine Zeit lang wollte ich eigentlich Medizin studieren und (...) aber den NC an der normalen Uni hätte ich nicht geschafft, und dann habe ich eben mal (...) hab mir so eine Informationsbroschüre geholt, und dann war da eben eine Anzeige von der Bundeswehr drin, wie ist es, bei der Bundeswehr zu studieren. Hab mich dort dann eben auch erkundigt. Das war dann auch eine Zeit lang mein Plan, mich dann bei (...) Also mein Vater war stolz wie Oscar, als ich ihm das gesagt hab, dass ich das machen will. (lacht) Aber ich bin dann auch auf viel Kritik gestoßen, weil viele meinten: „Was? Bundeswehr? Wie kannst du nur?" Und bla, bla. Und eben auch genau mein Vater hat über seine Zeit bei der Bundeswehr, also ganz normale Wehrpflicht halt, die (...) was waren das damals? 12, 13 Monate? War für ihn das Größte. Also hat er (...) erzählt er mir immer noch Geschichten davon, und er hat so viel dort gelernt. Und deswegen bin ich eigentlich gegenüber Bundeswehr eher positiver eingestellt. (Paloma; GD 2)

Zwar erfährt in diesem Bericht das prinzipielle Interesse an einem Eintritt in die Bundeswehr zu Studienzwecken innerhalb des *Peer*-Kontextes „viel Kritik"; diese Empörung wird jedoch schon durch die Weiterführung als „bla, bla" als für die Befragte weitgehend

---

23 Interessant sind dabei auch Hinweise auf die Möglichkeiten des Umgehens des Wehrdienstes durch Ausmusterung, die als wechselseitig sich verstärkende Geschichten erzählt werden, damit zwar vor allem kommunikative Funktionen für die Gruppe übernehmen, aber auch spezifische *Peer*-Bezüge zum Thema Bundeswehr offenbaren.

irrelevant markiert. Auch in den übrigen Gruppendiskussionen werden unterschiedliche Positionen gegenüber der Bundeswehr selbst und einem Dienst in den Streitkräften geäußert und von anderen bewertet, doch kam an keiner Stelle ein Gruppendruck zum Vorschein, der die jeweilige Position oder Ansicht in signifikanter Weise beeinträchtigt oder gelenkt hätte. Auch Freund- und Bekanntschaften mit Bundeswehrangehörigen werden lediglich, oft erst auf Nachfrage, vermerkt, ohne dass sich dadurch ein nachhaltiger eigener Bezug zur Bundeswehr herstellen ließe.[24] Weit größere Bedeutung für die Wahrnehmung der Bundeswehr kam hingegen familiären Bezügen zum Militär zu. So positiv, wie die Erfahrungen des Wehrdienstes durch den Vater der Befragten deren Wahrnehmung maßgeblich beeinflusst haben und einen eigenen Dienst aufgrund der damit verbundenen Anerkennung durch den Vater erstrebenswert erscheinen ließen, so negativ wurden in anderen Fällen die familiären Erfahrungen mit Militär erzählt. Die Bezüge, die in den Diskussionen auftauchten, erstrecken sich dabei zunächst nicht primär auf die Bundeswehr, sondern auf Streitkräfte oder militärische Präsenz in den Herkunftsländern, prägen jedoch zum Teil sehr explizit die Perspektive auch auf die Bundeswehr und einen Wehrdienst in Deutschland.

Also ich (...) mein Vater hat immer Geschichten erzählt, also da wurde er gezwungen (...) Also, in Afghanistan herrscht ja immer Krieg. Und deswegen bin ich (...) also wenn ich schon höre, wie es dort ist, bin ich eher negativ eingestellt, weil ich halt allgemein alles irgendwie unsinnvoll finde und halt auch die Menschen mir leid tun, die dort in Angst leben und auch halt jetzt mit der Bundeswehr, dass die (...) also die Streitkräfte jetzt zum Beispiel nach Afghanistan müssen. Die tun mir genauso leid, also was die alles durchmachen müssen. Also ich bin jetzt nicht so sehr dafür. (Suzan; GD 2)

Interviewerin: Du hast ja also auch direkten Kontakt gehabt.

Ahmed: Ja, schon sehr direkten Kontakt. Das ist ein großer Unterschied zwischen jetzt dem Militär in Tunesien und dem Militär in Deutschland. Früher war für mich Militär was ganz Schlimmes, Polizisten was ganz Schlimmes. Immer, wenn

---

24 In einer Diskussion etwa wird fast nebenbei bemerkt: „Mein Freund ist Berufssoldat. Er ist halb Pakistaner, halb Deutscher." (Ahmed; GD 1). Der Militärdienst scheint jedoch kein besonderes Thema in dieser Freundschaftsbeziehung zu sein, der Freund wird auch nicht als mögliches Vorbild dargestellt.

ich Polizisten gesehen habe, dachte ich mir: Oh, Scheiße, habe ich irgendwas Falsches (...) oder hab ich irgendwas gemacht. Das ist halt diese Wahrnehmung, die man in Tunesien hat. Und die habe ich halt irgendwie hierher mitgenommen nach Deutschland. Mit der Zeit ging's halt irgendwie (...) ging's halt irgendwie wieder. (GD 1)

Ja, also ich habe auch den Einzugsbrief bekommen, aber hatte eigentlich sonst nicht wirklich Kontakt zum Militär in meinem Leben. Aber mein Vater ist in der Militärdiktatur aufgewachsen, meine Mutter auch in einem ziemlich vom Militär beherrschten Regime, also im Kommunismus. Und deswegen wurde ich eigentlich schon so gegen das Militär erzogen, also ziemlich pazifistisch erzogen, weil sie vorher die Gegner waren und so was. Also, eigentlich bin ich deshalb strikt gegen das Militär. (Hans; GD 1)

Ja, ich habe auch meinen Brief vor einem Jahr gekriegt. Und für mich war eigentlich von Anfang an klar, dass ich halt da nicht mitmachen würde, weil meine Eltern, also ich persönlich jetzt nicht genau, aber meine Eltern haben ja auch den Krieg in Jugoslawien ziemlich mitbekommen. Und, ja, viele Verwandte haben auch im Krieg gekämpft. Und für mich war das eigentlich sofort klar, weil, ja, meine Familie hat schon sehr stark darunter gelitten. Und deswegen war es eigentlich klar, dass da nichts läuft. Deswegen (...) ich habe auch drauf geantwortet, und ich glaube, das wurde auch bestätigt. Also ist schon in Ordnung. (Dario; GD 1)

In diesen Fällen präformierten eigene oder familiär tradierte Erfahrungen mit dem Militär in den Herkunftsländern sehr deutlich die Wahrnehmung des Militärs auch in Deutschland und führten zu einem distanzierten und kritischen Meinungsbild, das zwar – dem Topos des ‚freundlichen Desinteresses' nicht unähnlich[25] – die Rolle der Bundeswehr in der Landesverteidigung und, mehr noch, bei zivilen Aufgaben etwa des Katastrophenschutzes explizit betont, doch zugleich unter Bezug auf die skizzierten Erfahrungen einen eigenen Dienst, insbesondere vor dem Hintergrund der aktuellen Auslandseinsätze ablehnt.

---

25 Vgl. z. B. die Aussage „Also die Bundeswehr ist auch schon notwendig, finde ich eigentlich. Deshalb ist es auch gut, dass es so was gibt also als Arbeitgeber. Also es ist auch zum Schutz des Landes da sozusagen. Sonst könnten wir ja auch nicht wirklich mit anderen Ländern verhandeln." (Hans; GD 1)

Auffällig ist, dass diese erfahrungsbezogenen Distanzierungen lediglich in den beiden Münchner Gruppendiskussionen nachweisbar sind, jedoch nicht in den in Hamburg und Berlin geführten. Dies scheint nicht so sehr durch die Rolle der zivilen Moderatorin bedingt gewesen zu sein, die Kritik am Militär im Vergleich zu einem als ‚großer Bruder‘ begreifbaren und identifikatorisch bedeutsamen Offizier ‚einfacher‘ artikulierbar machen dürfte, sondern auf die Zusammensetzung der Gruppen zurückzuführen sein, die sehr unterschiedliche Migrationskontexte beinhalteten. Auch in den Gruppendiskussionen mit den Jugendlichen, die türkische Migrationshintergründe aufwiesen, kommt es nämlich zu familiären Bezügen zum Militär in der Türkei, doch werden diese eher mit der gesellschaftlich starken Rolle des dortigen Militärs positiv konnotiert und die negativen Erfahrungen, beispielsweise von Schikanen oder erlittener Gewalt im Wehrdienst, eher anekdotisch angeführt und klar von der Bundeswehr getrennt. So erzählt ein Teilnehmer:

Meine Cousins, die in der Türkei leben, selber schon beim Militär waren und die mir halt nur erzählt haben, wie es da abläuft. Also, ähm, im Vergleich zu hier, weil ich ja auch weiß, wie das hier ungefähr ein bisschen abläuft, von Freunden, ist es nicht gerade verschieden. Es ist gleich, außer dass die vielleicht da ein paar andere Sitten haben, so wie sie (…) wie das von morgens bis abends da so zugange geht. (Mikael; GD 3)

Unsere Väter waren in der Türkei bei dem türkischen Militär und man hat uns erzählt (…) Also, mein Cousin war letztes Jahr halt auch da und hat mir alles erzählt. Wir haben mal eine ganze Nacht darüber geredet, und er hat mir erzählt, wie anstrengend es da ist. Er meinte: Jeder, der wirklich beim türkischen Militär war, hat auf jeden Fall mindestens einmal aufs Maul bekommen. Also Schlägereien gibt es da immer, es ist (…) es eskaliert da viel schneller als hier in Deutschland. Also, auch unter sich. (Fußballer; GD 3)

Während eigene oder familiär vermittelte Bezüge mit Militär in gewaltnahen, kriegerischen oder diktatorischen Zusammenhängen den Referenzrahmen der Wahrnehmung der Bundeswehr tiefgreifend zu bestimmen scheinen, stellen derartige Bezüge in gewaltarmen und demokratisch verfassten Kontexten offenbar weniger starke und weniger wirksame Referenzpunkte der Wahrnehmung dar.

Bilder der Bundeswehr und Vorstellungen vom Soldatsein

Stellen diese persönlich-biografischen und familiär tradierten Erfahrungen mit Militär eine implizite, zum Teil nicht reflektierte Hintergrundfolie der Wahrnehmung der Bundeswehr dar, erscheinen die in den Gruppendiskussionen abrufbaren Bilder und Assoziationen zur Bundeswehr in zweierlei Weise stark medial geprägt. In den ethnokulturell und geschlechtlich homogeneren, tendenziell jüngeren Gruppen, die ein geringeres Bildungsniveau aufweisen, werden diese medialen Bilder vielfach auf fiktionale Spielfilme bezogen. Dabei werden etwa harte Trainings- und Drillmaßnahmen[26] und abenteuerliche Einsatzszenarien beschrieben, die den Militärdienst im Rahmen eines persönlichen Entwicklungsprozesses begreifen. So vermerkt ein Teilnehmer:

Und ich finde auch, wenn man zum Militär geht, dann wird man erst da, nachdem man nach der Bundeswehr wieder zurückkommt, erst dann ein Mann, weil man dann gequält wird und auch man merkt, wenn man ein Opfer ist. (Engem; GD 3)

Trotz eines Bewusstseins des fiktionalen Charakters wird den Filmen ein gewisser Wahrheitsanspruch zugeschrieben:

Fußballer: Natürlich gibt es da auch Sachen im Film, die in der Realität auch geschehen. Sonst: Die würden ja nicht aus dem Nichts auf solche Gedanken kommen, das zu zeigen. Aber vieles zu sagen habe ich nicht, weil das (…)

Burat: Also meiner Meinung nach muss man ja etwas gesehen haben, um so etwas zu filmen. Das heißt, ich würde mal denken, dass es schon der Realität sehr nahe ist, dass man halt schon mal so was erlebt hat oder halt solche Gedanken hatte, dass man auch so was filmen kann. (GD 4)

---

26 Vgl. z. B.: „Ja, also so. Ich stelle mir das auch so, dass es tagsüber ganz normal früh anfängt mit dem Frühsport, so wie ich das auch ein bisschen schon so gehört habe, dann aber, ähm, auch, ähm, Unterricht gemacht wird, also nicht nur draußen, sportlich, körperlich, sondern (…) auch, dass man in einen Raum geht, und dann verschiedene Sachen durchnimmt, so wie, ähm, das Aufbauen einer Waffe zum Beispiel oder halt andere Dinge, wie man jemandem in einer Notsituation, einem Kumpanen in einer Notsituation helfen kann." (Mikael; GD 3)

Auf die Bitte des Moderators nach Konkretisierung der Vorstellungen werden zwar vereinzelt Waffenassoziationen wie „Panzerfaust" (Talay; GD 4) geäußert, vielfach scheint dies jedoch nicht möglich: „Ich weiß nicht, was ich dazu sagen kann." (Acuner; GD 4).

In den beiden Münchner Gruppen hingegen sind die expliziten Bilder der Bundeswehr eng an den Afghanistan-Einsatz und dessen Darstellung in den Medien gekoppelt. Als Assoziationen werden in diesem Zusammenhang etwa „Krieg." (Faith), „NATO" (Dario), „Einfach Soldaten." (Dario), „Waffen aller Art, (...) Afghanistan-Einsatz." (Peter) und „auch so Panzer, Flugzeuge, Schiffe" (Hans; alle GD 1) genannt.[27] Die Diskussion blieb dabei nicht bei der Anführung einzelner Schlagwörter, sondern entwickelte sich zu einer argumentativ interessanten Kritik des Einsatzes:

Ahmed: Ich finde es eine absolute Fehlentscheidung, also von der NATO allgemein, also in Afghanistan sich da überhaupt einzumischen. Ob es da wirklich nur um die Menschenrechte geht, ob es um Zivilrechte geht, ist natürlich wieder fraglich. Es wird gemunkelt, dass es um was Anderes geht. Es wird gemunkelt, dass es um wirtschaftlich wichtige Handelspunkte geht, zum Beispiel der Hafen in Pakistan. Ich finde, das ist eine absolute Fehlentscheidung. Ich verstehe auch de Maizière, wenn er sagt: „Alle mal da raus aus Afghanistan." Und ich (...) ja, es ist so (...), also, so ähnlich wie der Libyen-Krieg, also warum sollen sie in Afghanistan einmarschieren? Afghanistan ist nicht der Haupt (...) oder Pakistan ist nicht der Hauptstützpunkt von der Taliban, also das weiß man jetzt.

---

27 Dies geschieht auch in den anderen Diskussionen, jedoch z. T. weniger konkret und reflektiert, als Koproduktion im Gespräch. Siehe dazu folgende Szene: „Burat: Also wenn ich an die Bundeswehr denke, kamen mir eigentlich immer diese World-Trade-Center-Gedanken in den Kopf, was da alles abging und was passiert ist. (andere Probanden lachen) (...) Ich weiß selber nicht genau, wie ich drauf gekommen bin (Gelächter), aber also World Trade Center ist ja eine Sache für sich. Ich sage mal so: Das ist ja was Riesengroßes gewesen. 11. September weiß eigentlich jeder, dass da einfach so ein Riesengebäude einfach auf einmal weg ist. Und, äh, na ja. Und Bundeswehr denke ich dann gleich an Armee, und da kam dann eigentlich gleich der nächste Gedanke halt World Trade Center, habe ich dann so halt geschlussfolgert. Interviewer 2: Das waren dann ja auch die nächsten Schritte Afghanistaneinsatz. Burat: Genau. Genau, so sieht es aus." (GD 4)

Hans: Ja, ich bin auch eigentlich dagegen, weil es auch, wie er gesagt hat, schon eigentlich alles nur wirtschaftliche Interessen verfolgt oder auch Macht, was ja im Prinzip auch dem Geld gleichzustellen ist. Und, ja, ich finde (...) also an sich ist es ja eine gute Idee, Ländern zu helfen, die wirklich Hilfe benötigen. Aber so, wie es im Moment gemacht wird, bin ich eigentlich dagegen, so wie es gerade gemacht wird.

Peter: Vor allem, das ist in Afghanistan dann falsch. Wenn du dann zum Beispiel noch Nordkorea hast oder so hast im Vergleich, dann kannst du (...) das eigentlich schon noch mal übler ist mit der kommunistischen Diktatur. Ich frage mich, was sie halt dann in Afghanistan wollen so zwecks Menschenrechte. Ich glaube, die haben ihre Rechte auf ihre Art. Das ist eben (...) jeder lebt anders. Aber das, was sie zum Beispiel in Nordkorea machen (...) Also wenn man wo einmarschiert, dann würde ich es eher in Nordkorea machen als in irgendeinem arabischen Land.

Dario: Oder in Schwarzafrika, wo jeden Tag mehrere Hundert Menschen sterben.

Peter: Ja, zum Beispiel.

Dario: Oder in China werden täglich mehrere Hundert Menschen einfach so aufgehängt, obwohl man es nicht richtig nachvollziehen kann.

Fatih: In China kann man nicht einfach so einmarschieren. (lacht)

Dario: Ja, klar. Aber man soll sich halt wenigstens dafür einsetzen.

Hans: Also an sich ist es hier wie eine moderne Kolonisation.

Peter: Sie marschieren halt, denke ich, dort ein, wo sie halt einmarschieren können, halt. Und vor allem, sie marschieren auch dort ein, wo die (...) wo der Staat abhängig von einem ist. Ich glaube, Afghanistan ist in gewisser Weise abhängig von den Vereinigten Staaten.

Ahmed: Jetzt schon. Früher nicht, wo sie noch nicht einmarschiert sind.

Peter: Ja, genau. Und dann (...) das hat eben wieder, wie, ich glaube, Hans schon gesagt, nur wirtschaftliche Gründe und sonst eigentlich keine.

Interessant ist dieser Diskussionsablauf, da er – in mitunter nicht ganz stimmigen Argumenten – die politische Legitimation des

Afghanistan-Einsatz als Scheinbegründung wirtschaftlicher Interessen mittels der internationalen Norm der *Responsibility to Protect* problematisiert und damit einen zentralen Topos der Einsatzwahrnehmung der an ISAF beteiligten deutschen Soldatinnen und Soldaten (vgl. dazu Seiffert 2012) aufruft. Je kritischer das politische Mandat des Afghanistan-Einsatzes in den Gesprächen erscheint, desto kritischer ist auch der Blick der Beteiligten auf die Bundeswehr als Ganzes.

Indem der Afghanistan-Einsatz das Gesamtbild der Bundeswehr prägt, wird die Bezugnahme auf die Bundeswehr als ‚normalen' Arbeitgeber wesentlich erschwert. Zum einen wird auf die Bundeswehr als privilegierter Arbeitgeber rekurriert, der eine gute Ausbildung, einen sicheren Arbeitsplatz und eine angemessene Entlohnung bereitstellen kann. Hier werden vor allem Perspektiven des Studiums, der Ausbildung in technischen Berufen und zum Piloten angeführt.

Die Bundeswehr ist ja erst mal ein sicherer Arbeitgeber, also ein gut bezahlter auch. (...) Sie haben halt ihre Reize eben, weil man eben einen sicheren (...), also einen festen Arbeitsplatz hat, gut verdient. Die Ausbildung wird ja gezahlt, soweit ich weiß, und wird dann vom Gehalt in Raten abgezahlt. So ist es auch beim Studium, wenn man sich danach verpflichten lässt. Also die haben (...) an sich haben sie halt ihre Reize. (Faith; GD 1)

Also meiner Meinung nach ist es so, dass, ähm, (…) Ich habe mir auch vor einem Jahr noch Gedanken darüber gemacht, ob ich auch wirklich zur Bundeswehr gehen möchte. Weil, ich hatte halt den großen Traum, einfach meinen (…) meinen Flugschein zu machen. Und auch wirklich mit meinem Flugschein, äh, (…) die Karriere mit meinem Flugschein zu machen, so halt, ähm, (…) Aber als Hubschrauberpilot halt, sei es bei der Polizei oder auch bei (…) im Krankenhaus, und da wurde ich an einer bestimmten Messe darauf hingewiesen, dass man dort sein (…) seinen Flugschein machen kann und das hat mir natürlich sehr gefallen. Und da würde mir auch das sehr gut weiterhelfen, wenn ich da jetzt wäre, weil es, ähm, privat sehr viel kostet, und da kann ich es halt nicht (…) Da habe ich halt nicht die ganzen Kosten, die ich sonst hätte. (Mikael; GD 3)

Man kriegt ein Gehalt, wenn man dahingeht. Das heißt, man geht einfach jetzt nicht so hin und schlägt da seine Zeit tot, man kriegt sogar was dafür. Das finde ich praktisch. (Burat; GD 3)

Diese positiven Konnotationen treten insbesondere in den beiden Gruppendiskussionen mit den Teilnehmern, die geringere Bildungs- und Karrierechancen aufweisen, auf; auffallend ist dabei, dass die Vorstellungen vergleichsweise vage bleiben und wenig konkrete Kenntnisse, etwa hinsichtlich der Ausbildung beinhalten.[28]

Indem jedoch der Begriff der Sicherheit in den Diskussionen aufgerufen wird, wird er zum anderen zugleich von dem der körperlichen Sicherheit überlagert und mit den Gefahren, die im Einsatz für Soldatinnen und Soldaten bestünden, kontrastiert. Aufschlussreich ist in diesem Zusammenhang folgende Diskussionsszene, die auf die unterbrochene Bemerkung eines Teilnehmers, dass die Bundeswehr „Halt ein sicherer Job, also feste (...)" (Faith; GD 1) bieten würde:

Ahmed: Der gleiche Arbeitgeber wie vom Lehrer eigentlich oder wie von jedem Beamten. Der Staat halt. Es ist ja nicht so ein einzelnes Unternehmen. Deswegen ist es eigentlich schon sicher. Aber ob man jetzt die Sicherheit will? Man kann auch anders mehr Geld verdienen. Und das ist ja eigentlich der Sinn und Zweck vom Kapitalismus, den wir jetzt ja haben, sozialen Kapitalismus. Das muss halt jeder für sich selbst wissen, ob er mehr auf Sicherheit geht oder mehr Risiko. Es gibt ja so einen Spruch: No risk, no fun.

Hans: Ja, in der Bundeswehr ist es halt das Lebensrisiko, dass du einfach (...) Das kommt ja auch (...) das kommt nicht so oft vor, aber oft genug, dass eben irgendwelche Anschläge verübt werden in Afghanistan oder so. Und wenn du da wirklich auf einem Auslandseinsatz bist, kann es ja schief gehen. Dementsprechend, damit muss man auch, finde ich (...) Zum Beispiel fände ich es verantwortungsvoll (...), äh, verantwortungslos gegenüber, wenn man eine Familie hat. Also angenommen, man ist eben schon Anfang 30 oder so, Soldat, Frau und Kinder. Dann wird man eben nach Afghanistan geschickt und kommt um. Ich finde es verantwortungslos der Familie gegenüber. Also ich finde, da muss man dann halt schauen (...) Also beim Militär sollte man arbeiten, wenn man wirklich halt nur für sich lebt, denke ich.

---

28 Je konkreter das Wissen wird, desto weniger attraktiv der Dienst. Siehe dazu z. B. folgende Aussage: „Es kam mal in Frage, es ist aber auch wieder (...) der Gedanke wurde auch schon wieder verworfen, weil es, finde ich so, wenn man sich da immer mehr drüber informiert, kommt es einem immer mehr spanisch vor. Also das ist (...) ich find's schwierig." (Hans; GD 2)

Dario: Aber ich denke auch, es gibt ja auch andere Berufsbilder. Man muss ja nicht unbedingt Soldat sein. Ich glaube, als Ingenieur kann man hier in Deutschland genauso gut tätig sein. Man macht ja auch zum Beispiel Katastrophenschutz. Ich meine, die Bundeswehr sollte man nicht zu einseitig sehen. Natürlich Waffen primär, Soldaten, Kriegseinsätze. Aber man versucht sich ja eher gegen den Krieg zu entscheiden. Das ist ja ganz normal. Aber ich meine, trotzdem ist das Risiko einfach zu hoch, dass man irgendwie in den Krieg geschickt wird ins Ausland. (GD 1)

Angesichts der Gefahren im (Afghanistan-)Einsatz wird das vermeintliche Sicherheitsversprechen im Hinblick auf Ausbildung und Beruf relativiert, und die Bundeswehr avanciert zu einem ‚besonderen' Arbeitgeber, der etwa im Vergleich zu Wirtschaftsunternehmen „eine andere Kategorie" (Süleyman, Engem; GD 3) darstellt. Die Abwägung folgt in den Diskussionen im Kontext zu der oben angedeuteten Wahrnehmung der Bundeswehr als Einsatzarmee in Afghanistan einem rationalen Kalkül: das Versprechen materieller Sicherheit wiegt die Gefahr der physischen Beschädigung nicht auf:

Erst mal null Lebensrisiko, und man müsste nicht in den Kampf gehen. Also ich meine, so Katastrophenschutz kann ich auch total nachvollziehen. Man hat auch wirklich die Ressourcen. Also in die Bundeswehr steckt man ja schon viel rein. Den Leuten helfen: kein Problem. Aber jetzt in den Kampf zu ziehen, das würde ich niemandem antun wollen, also oder auch niemandem empfehlen. (Dario; GD 1)

Die positiv konnotierte Einschätzung der Bundeswehr als ‚normaler' Arbeitgeber, der Sicherheit verspricht, erscheint in den Gruppendiskussionen nur möglich, wenn sie von ihrer Wahrnehmung im Hinblick auf den unsicheren militärischen Dienst, der potentiell in den Krieg führen könne, abgekoppelt werden kann. In diesem Sinn kommt es mehrfach zu einer bemerkenswerten Aufspaltung des Arbeitsgebers Bundeswehr und der damit verbundenen Arbeitsmöglichkeiten in eine soldatische Sphäre, die mit Krieg konnotiert ist und eher skeptisch gesehen wird, und eine davon losgelöste zivile, die ohne Bezug zum Soldatsein gesetzt wird und als denkbare Option wahrgenommen wird:

Ja. Ich glaube, dass die Leute in der Bundeswehr verschiedene Kategorien haben, so zu Sanitär oder Soldaten ausgebildet werden. Aber die meisten werden, glaube ich, als Soldat ausgebildet, weil sie mehr zum Krieg geschickt werden, glaube ich. So mehr in die Richtung. (Süleyman; GD 3)

(...) da gibt's schon noch einen Unterschied, finde ich, zwischen den Soldaten, die dann wirklich im Einsatz sind, und zwischen anderen Bundeswehrangestellten, die dann zum Beispiel hier im Inland bleiben und irgendwas bauen oder was hier machen. (Hans; GD 1)

Also ich würde, ja, Bundeswehr als Arbeitgeber (...) ja, eventuell. Weil, man kann ja auch bei der Bundeswehr, weil ich mich da eben erkundigt habe, man kann so viel machen, was nichts mit Kriegsdienst oder so was zu tun hat. (Paloma; GD 2)

Also es ist jetzt nicht (...) also ich wollte jetzt auch nicht so rüberkommen, dass ich meine, ich würde nicht für die Bundeswehr arbeiten. Also wie gesagt eben, es gibt auch viele Arbeits(...) Arbeiten, die eben nichts jetzt mit bereits spezifisch als Soldat oder so was zu tun haben. Würde ich natürlich auch machen. (Sennep; GD 2)

(...) ich will halt nicht irgendwelche Leute erschießen müssen oder so oder nach Afghanistan geschickt werden müssen insgesamt. Allerdings, ich versuche, Pilot zu werden, und ich habe gehört, bei der Luft (...), äh, bei der Bundeswehr ist das auch möglich, wenn man sich da ein paar Jahre verpflichtet, kann man dort dann ganz normaler Pilot werden. Und das wäre jetzt schon eine Option eigentlich. (Felix; GD 2)

In dieser Hinsicht vermittelt ein wahrgenommener Normalitätsanspruch die Möglichkeit einer Verpflichtung bei der Bundeswehr mit dem Ziel, eine Pilotenausbildung oder einen Führerschein zu machen oder als Ärztin oder Techniker tätig zu sein, ohne mit soldatischer Ausbildung, Waffen, Gewalt oder dem Einsatz in Berührung zu kommen. Abgekoppelt von der soldatischen Sphäre erscheinen die Rahmenbedingungen des Arbeitens in einer ‚zivilen Bundeswehr' jedoch im Vergleich zu ‚normalen' Arbeitgebern und angesichts der jugendspezifischen Interessen nachteilig:

Fußballer: Solange ich nicht dazu gezwungen werde, würde ich nicht freiwillig hingehen.

Interviewer 2: Wieso nicht?

Fußballer: Führe ich lieber mein Leben hier weiter, was ich bis jetzt immer weiter gelebt habe. (...) mein Kumpel hat gerade nur von den Vorteilen geredet, aber Nachteile gibt es doch schon. Ich meine, du bist (…)

Burat: Kannst du das mal aufzählen?

Fußballer: Ja, natürlich. Zum Beispiel hier heute: Du läufst einfach rum, hast deinen Spaß, du triffst dich mit deiner Freundin und so. Da bist du an einem ganz anderen Ort. Hier heute Abend gehst du vielleicht noch mal shishern und da im Café irgendwas trinken und da nicht. Natürlich kriegst du da auch Essen und Trinken. (GD 4)

Als Alternative, auf die über die Gruppendiskussionen hinweg rekurriert wird, um rational und ökonomisch kalkulierend die Vor- und Nachteile eines Wehrdienstes abzuwägen, erscheint der Bundesfreiwilligendienst. Dies geschieht vor allem in den Münchner Gruppendiskussionen, die einen höheren Bildungsstand abbilden. Hier kommt ein gesellschaftlicher Aufstiegswille zum Ausdruck, für den weder die Bundeswehr noch eine andere Unterbrechung als förderlich gesehen wird:

Also ich bin eigentlich froh drüber, weil es sind eigentlich neun geschenkte Monate. Ob ich jetzt studiere (...), äh, ob ich jetzt dort in der Bundeswehr irgendwas mache oder halt Zivildienst mache, was eigentlich ganz gut ist, aber man will eigentlich schon schnell studieren, schnell arbeiten. (...) Ich wollte eigentlich schon immer so alles schnell hinter mich bringen. Ich bin ja hier erst seit 12 Jahren und bin in der 12. Klasse. (lacht) Ich habe so einige Male es jetzt geschafft, und ich wollte halt immer so weiter diese Treppe raufsteigen oder die Stufen raufsteigen. (Ahmed; GD 1)

In den beiden Gruppendiskussionen in Berlin und Hamburg, wo dieser Aufstieg qua Bildungskarriere kaum zu realisieren ist, wird der Bundeswehr für die (höchst ambivalente) Gewährung von materieller Sicherheit als Medium gesellschaftlicher Partizipationschancen; bemerkenswerterweise eine weitere Funktion zugewiesen: der Dienst im Militär wird mit der Erwartung gesellschaftlicher Anerkennung verbunden. Im Begriff des Respektes verdichtet sich diese Erwartung in beiden Diskussionsrunden:

Burat: Also meiner Meinung nach ist das schon was Besonderes, ist auch eher eine Respektsache zum Beispiel. Wenn man das in der Türkei zum Beispiel sieht: Keiner wird einfach daneben rumrennen oder auf den Boden spucken oder so. Zum Beispiel ist es in der Türkei so, dass, wenn die da jemanden aus der Armee sehen, der da halt mit seinen zwei, drei Kollegen zum Beispiel vorbeiläuft, also da bin ich mir sicher, dass da keiner jetzt irgendwie auf die Idee kommen wird, da irgendwelche Grimassen zu schneiden oder so. Weil der halt aus Respekt gegenüber ihm halt respektvoll herumläuft. Und das ist das Gleiche, würde ich dann sagen, auch hier. Zum Beispiel, wenn ich da jetzt jemanden sehe, der auch sagen wir hier herkommt, egal, ob der jetzt irgendwie am Wochenende seine Familie besuchen will oder so: Zieht schon ein bisschen Aufmerksamkeit, also man guckt schon hin.

Interviewer: Also das hat auch was mit Respekt zu tun?

Burat: Ja.

Interviewer: Also wenn man Soldat ist, dann ist auch schon (…)

Burat: Das ist ja schon so wie bei der Polizei zum Beispiel. Wenn Sie zum Beispiel einen Polizisten sehen, werden Sie halt auch darauf achten, was Sie sagen oder was Sie machen. Das ist genau das Gleiche wie bei der Armee, würde ich sagen. Das ist schon (…) man zeigt schon seinen Respekt gegenüber der Person, weil der auch schon so gesehen (…) Ich will jetzt nicht sagen, er ist höher als ich. Das sage ich nicht. Aber der ist schon jemand, der – wenn ich was Falsches mache – mich dann halt mitnehmen kann (andere Probanden lachen). (GD 4)

Diese Erwartung von Anerkennung drückt sich auch in der Beschreibung einer Szene aus, in der ein Verwandter des Befragten im Familienkreis feierlich zum Dienst in der Bundeswehr verabschiedet wird:

Was Besonderes ist es auf jeden Fall. Letztes Jahr ist ein Verwandter von uns auch zur Bundeswehr gegangen. Und ich erinnere mich ganz genau: Bevor er gegangen ist, haben wir noch mal so eine richtige Abschiedsfeier gemacht. Wir haben noch Bilder geschossen mit ihm, mit seinen ersten Uniformen und so, alles Mögliche. Wenn es was ganz Normales wäre, warum sollten (…) Also wir waren zu 20, 25 Leuten da, ihn zu verabschieden. Ich glaube nicht, dass es ein ganz normaler Tag war wie jeder andere. Also es war schon besonders. (Fußballer; GD 3)

Dieser Erwartung von gesellschaftlicher Anerkennung stehen allerdings zugleich Einschätzungen der Bundeswehr als Institution gegenüber, in der die Diskriminierung von Menschen mit Migrationshintergrund nach wie vor zum Alltag gehört.

Also, ich sage mal so: Ich bin mir nicht ganz sicher, was sie dazu sagen würden, aber da würde vielleicht zum Beispiel ein Spruch rauskommen wie: „Ja, die werden dich vielleicht ein bisschen ausgrenzen" oder so. Weil du halt immer noch ein Ausländer bist und die dich dann härter rannehmen. Der Meinung bin ich aber auch, um ehrlich zu sein, dass sie da schon ein bisschen darauf achten werden und dann zum Beispiel jemanden halt, der Ausländer ist, dann etwas strenger rannehmen werden. (Burat; GD 4)

Ich habe gehört, man wird da auch oft diskriminiert, also alleine von den Soldaten, von diesen Offizieren da. Die sind ein bisschen nationalistisch, was ich auch verstehe, sind ja Bundeswehr, sind zum Schutz von Deutschland da, und die sehen also Deutschland an erster Stelle. Und wenn jetzt irgend so ein (...) so ein Ausländer (lacht) kommt und sich halt irgendwie so einmischt, dann sieht man schon ein bisschen kom (...) Also, jedem das seine. (Ahmed; GD 1)[29]

Dabei ist es unerheblich, ob die Erwartungen zutreffen; die Befürchtungen dürften jedoch für die Entscheidung, zur Bundeswehr zu gehen, nicht unmaßgeblich sein. Deutlich wird, dass die Wahrnehmung der Bundeswehr durch die befragten Jugendlichen stark von Ambivalenzen (der Sicherheit wie der Anerkennung) bestimmt wird.

Thesen und Fazit

Die im vorangegangenen Abschnitt ausgeführten Befunde beziehen sich auf die vier in München, Hamburg und Berlin durchgeführten Gruppendiskussionen. Diese sind, wie im Abschnitt zum methodischen Vorgehen vermerkt, durch die Zusammensetzung und die Rolle(n) der Moderatorin bzw. des Moderators geprägt. Darauf wurde auch in der Vorstellung der Befunde punktuell aufmerksam gemacht. Angesichts der bewusst explorativen Anlage der Studie ist eine einfa-

---

29 Indem Soldatinnen und Soldaten mitunter „schon ein ausgeprägtes Nationalgefühl" und eine „große Nationalliebe" (Sennep; GD 2) zugeschrieben wird, lassen sich Befürchtungen der Stigmatisierung und Diskriminierung von Migrantinnen und Migranten, denen jenes Nationalgefühl und jene Nationalliebe zu Deutschland nicht oder kaum zugestanden werden, ableiten.

che Verallgemeinerung der dargelegten Ergebnisse der Analyse der Gruppendiskussionen nicht möglich. Das qualitative Studiendesign weist jedoch die Möglichkeit einer Thesenbildung auf, die über die durch Studiendesign und Stichprobenwahl bedingte Limitierung der Aussagekraft der Befunde hinausgeht. In diesem Sinn werden im Folgenden fünf Thesen formuliert, die in weiterer quantitativer oder qualitativer Forschung – etwa mittels einer standardisierten Fragebogenstudie in spezifischen migrantischen *Communities* oder problemzentrierten Interviews mit Jugendlichen, die Informationsangebote der Bundeswehr auf Messen nutzen – weiter zu untersuchen sind.

Erstens lassen sich die Identitätsartikulationen der Jugendlichen als Hinweise auf einen veränderten Deutungsrahmen des Migrationsgeschehens in Deutschland verstehen, dem in einer jungen Generation immer weniger eindeutige und dauerhafte nationale und kulturelle Identitätszu- und Identitätsfestschreibungen entsprechen. Vielmehr findet es angesichts zunehmend globalisierter und transnationaler Vernetzungen in reflektierten, aktiv konstruierten und situativ-strategisch begründeten Positionierungen einen Ausdruck.[30] Demgegenüber ist die Bundeswehr als Institution eines staatlichen Gewaltmonopols einem ‚starken‘ Nationalitätsbegriff verpflichtet, der sich etwa am Ausschluss von Gesellschaftsmitgliedern ohne deutsche Staatsbürgerschaft vom Dienst an der Waffe zeigt und in der dominanten Referenz auf eindeutig definierte nationale und kulturelle Identitäten in den Wahrnehmungen ihrer Angehörigen abbildet, in

---

30 In der Migrationsforschung bildet sich diese Veränderung als Paradigmenwechsel ab, der Migration nicht mehr im Rahmen eines methodologischen Nationalismus unidirektional von einem Land in ein anderes beschreibt und damit Probleme der Integration definiert, sondern als Ausdruck einer transnationalen Perspektive die vielfachen inter- und transnationalen Vernetzungen von Akteuren in den Blick nimmt. Die Abgrenzung zwischen einem „picture of the nation state as a container, in which a clearly defined territory confines culture, politics, economy, and community" (Vertovec 2009: 1) ist der zentrale Ausgangspunkt der *Transnational Studies* (vgl. Köngeter 2010). In dieser Hinsicht definieren Glick/Schiller/Levitt (2006: 5): „The term transnationalism or transnational processes emphasizes the ongoing interconnection or flow of people, ideas, objects, and capital across the borders of nation-states, in contexts in which the state shapes but does not contain such linkages and movements." Vgl. zur Entwicklung wissenschaftlicher Migrationskonzepte auch Bauman (2011).

denen uneindeutige Positionierungen problematisch erscheinen.[31] Ein starker nationaler Identifizierungszwang mag zwar im Hinblick auf ein Distinktionsbegehren funktional sein, in dem die Betonung der eigenen erfolgreichen Integration und die Abwertung der vermeintlichen Integrationsverweigerung anderer Migrantinnen und Migranten auf einen Generationenkonflikt innerhalb migrantischer *Communities* verweist. Möchte sich die Bundeswehr indes weiter für Menschen mit vielfältigen Migrationshintergründen öffnen, denen derartige Setzungen einer bestimmten ethno-kulturellen Identität ‚fremd‘ sind, wäre eine institutionelle Diskussion, was ‚nationale Zugehörigkeit‘ angesichts transnationaler Mehrfachzugehörigkeiten bedeutet, notwendig. Es ginge darum, einen (Spiel-)Raum für die Artikulation von Identitäten zu schaffen, in dem Selbstpositionierungen z. B. als ‚Türkin‘ (innerhalb einer bestimmten Community), als ‚Deutsche‘ (innerhalb der Bundeswehr) und als ‚Europäerin‘ (innerhalb multinationaler Zusammenarbeit im Einsatz) selbstverständlich nebeneinander (be-)stehen können und nur im Zusammenhang mit interdependenten Differenzmerkmalen von sozialer Lage, sexueller Präferenz, Alter usw. intelligibel sind. Gerade die jüngeren Erfahrungen multinationaler Zusammenarbeit könnten für eine Auflösung eines starren ethno-nationalen Identitätsbegriffs in der Bundeswehr wichtige Ansatzpunkte und Anschlussmöglichkeiten bieten.

Zweitens weisen die Gruppendiskussionen, entgegen der ursprünglichen Annahme, auf einen relativ geringen Einfluss der *Peer*-Gruppe auf die Wahrnehmung der Bundeswehr hin. Weit stärker dürfte die Bedeutung eigener biografischer und familiär vermittelter Bezüge zu Militär bzw. Repräsentanten des staatlichen Gewaltmonopols in den Herkunftsländern sein.[32] Während positive Bezüge zu

---

31 Zu verweisen ist dabei etwa auf Befunde der Unterstellung eines Loyalitätskonflikts von Soldatinnen und Soldaten der Bundeswehr aufgrund ihres muslimischen Glaubens nach den Ereignissen des 11. September 2001 (siehe Menke/Langer/Tomforde 2011), die von den Betroffenen als Stigmatisierungs- und Diskriminierungserfahrungen wahrgenommen werden können.

32 Bemerkenswert ist, dass in den Gruppendiskussionen in der Regel kein wesentlicher Unterschied zwischen Militär und Polizei gemacht wird, d. h. Erfahrungen im Umgang mit der Polizei (oder möglicherweise anderen para-militärischen oder para-polizeilichen Akteuren) auf das Militär (und damit die Wahrnehmung der Bundeswehr) übertragen werden. Auch wenn kognitiv-rational ein Unter-

einem Dienst beim Militär als Möglichkeit des Gewinns gesellschaftlicher Anerkennung und sozialem Prestige einen Dienst in der Bundeswehr durchaus erstrebenswert erscheinen lassen, konstituieren negative Erfahrungen mit dem Militär, etwa im Kontext von Krieg, Verfolgung, Misshandlung oder Diskriminierung, einen Referenzrahmen der Wahrnehmung, in dem ein Dienst in der Bundeswehr kaum eine denkbare Option darstellt. Im Hinblick auf eine Zunahme ethno-kultureller Diversität in der Bundeswehr wäre es wichtig, sich der unterschiedlichen Erfahrungen mit Militär bewusst zu sein und die vermeintlich selbstverständliche Annahme eines gemeinsamen Erfahrungshorizontes von demokratisch begründeten Streitkräften und verantwortungsbewussten ‚Staatsbürgern in Uniform' zu reflektieren. Zugleich ist eine erhöhte Sensibilität im Prozess eines entlang der Auslandseinsätze stattfindenden Selbstverständigungsprozesses in den Streitkräften nötig. Wenn Einsatz- und Gefechtserfahrungen zu identitätsstiftenden Momenten für die Institution Bundeswehr oder einzelne Gruppen von Soldatinnen und Soldaten werden sollten, könnte angesichts selbst erlebter oder familiär tradierter Gewalterfahrungen im Migrationskontext die Distanz gegenüber der Bundeswehr erheblich wachsen.

Drittens deuten die Gruppendiskussionen darauf hin, dass ‚Ethnizität', ‚Kultur' und ‚Religion' nicht per se einen signifikanten Einfluss auf die Wahrnehmung der Bundeswehr durch Jugendliche mit Migrationshintergrund haben. Vorbehalte etwa in Bezug auf den Afghanistan-Einsatz sind in den Diskussionen nicht ethno-kulturell fundiert, sondern schreiben sich im Rahmen einer Sozialisation in einer sich als ‚postheroisch' verstehenden Gesellschaft (vgl. Münkler 2007) und den medial vermittelten Debatten um die Legitimität und Wirksamkeit des Einsatzes (vgl. Seiffert 2012) in einen allgemeingesellschaftlichen Diskurs ein. Bezüge zu ethnisch, kulturell und religiös konnotierten Merkmalen werden dann jedoch bedeutsam, wenn sie als Befürchtungen vor Stigmatisierung und Diskriminierung in den Streitkräften artikuliert werden. Angesichts einer – auch durch die

---

schied markiert werden kann, erfolgt doch ein affektiver Kurzschluss, der handlungsleitend sein kann. Es wäre in dieser Hinsicht zu untersuchen, inwieweit die Debatte um ein Versagen von Sicherheitsorganen im Kontext der rechtsextremistischen Terrorserie der NSU auch das Bild der Bundeswehr mitprägt.

sozialwissenschaftliche Forschung gestützten – jahrzehntelangen Beharrung militärischer Institutionen auf einem Homogenitätsideal als Voraussetzung von Einsatz- und Kampffähigkeit und Kameradschaft, sind diese Bedenken nachvollziehbar. Inwieweit jedoch spezifische institutionelle Anstrengungen, etwa im Sinne einer positiven Diskriminierung als ‚affirmative action' diesen Befürchtungen entgegenwirken könnten oder im Gegenteil ethno-kulturelle Stigmatisierungen reaktualisieren, muss an dieser Stelle offenbleiben. Die aufgrund des demografischen Wandels anzunehmende Veralltäglichung eines Umgangs mit ethnischer, kultureller und religiöser Differenz auf der Mikroebene sozialer Praxen in der Bundeswehr ist jedoch durch die Aussetzung der Wehrpflicht schwieriger geworden.

Viertens weisen die unterschiedlichen Interaktions- und Beziehungsdynamiken in den Gruppendiskussionen auf Ambivalenzen einer zielgruppenspezifischen Adressierung von potenziell an einem Dienst in der Bundeswehr Interessierten durch Soldatinnen und Soldaten mit Migrationshintergrund hin. Die Ansprache durch als ethnokulturell ‚gleich' wahrgenommene Soldatinnen und Soldaten hat – oft nicht bewusste – Effekte, insofern sie einen empathischen, die jeweilige Lebenswelt der Jugendlichen aus eigener Erfahrung kennenden Zugang suggeriert, der möglicherweise vorhandene Unterschiede in Bezug auf die soziale Lage, den Bildungshintergrund und die damit verbundenen gesellschaftlichen, insbesondere beruflichen Partizipationschancen überdeckt (vgl. dazu Abell et al. 2006). Auch wenn im Kontext gesellschaftlich marginalisierter Gruppen, etwa in spezifischen migrantischen *Communities*, die Rolle von Vorbildern für die Motivation zur Aufnahme von Anerkennung und sozialen Aufstieg versprechenden Ausbildungen und beruflichen Tätigkeit aus der Forschung diskutiert wird (siehe z. B. Punch 2002; Westphal/Behrensen 2008; Gibson/Idalgo 2009; Leisering/ Weishaupt 2011; Oppong 2011), so ist deren Funktionalisierung im Rahmen von Nachwuchswerbung doch problematisch zu sehen: So können durch die Fantasien von Zugehörigkeit, die auf beiden Seiten im Spiel sind, kaum erfüllbare Erwartungen entstehen und ‚schwierige' Aspekte des Dienstes in den Streitkräften, die sich auf die Befürchtungen vor Stigmatisierung und Diskriminierung beziehen, ausgeblendet werden.

Fünftens schließlich lassen die Gruppendiskussionen die These einer von der sozialen Lage und dem Bildungshintergrund abhängigen, in sich jedoch ambivalenten Motivation für einen Dienst in der Bundeswehr zu. Für Jugendliche, die ein Abitur anstreben, mag eine militärische Laufbahn in diesem Sinne zwar nicht zuletzt als Option gesehen werden, ein Studium unter ökonomisch vorteilhaften Bedingungen zu absolvieren; diese erscheint jedoch angesichts der mit der Offizierslaufbahn einhergehenden Einschränkungen der persönlichen Freiheiten aus einem rational-ökonomischen Kalkül heraus letztlich oft unvorteilhaft. Für Jugendliche, denen eine Studienoption aufgrund ihres angestrebten Bildungsabschlusses indes nicht offen steht, sind die Ausbildungsmöglichkeiten angesichts des Versprechens eines ‚sicheren' Arbeitsplatzes möglicherweise zwar attraktiv; schwierig erscheint jedoch eine in den Gruppendiskussionen vielfach aufscheinende und von medialen Selbstpräsentationen der Bundeswehr beeinflusste Wahrnehmung des spezifisch militärischen Dienstes unter der Perspektive eines ‚Abenteuers'. Aus identitätstheoretischer Sicht kommt einem zivilen Studium und einem freiwilligen Militärdienst in dieser Hinsicht möglicherweise eine zwar vom sozialen und Bildungshintergrund unterschiedliche, aber zweckrational vergleichbare Funktion der Institutionalisierung eines ‚psychosozialen Moratoriums' zu. Dieser von Erik H. Erikson (1968) geprägte Begriff bezeichnet eine Karenzzeit in der adoleszenten Entwicklung der Ich-Identität eines Individuum, in der die endgültige Ablösung von der Jugend und der Übergang in das Erwachsenenleben aufgeschoben werden kann.[33] Côté und Levine (1987: 82) fassen sie prägnant zusammen: "Erikson views the period of adolescence and youth during which the identity crisis occurs to be a ‚psychosocial moratorium'– a period of delay during which a society grants the individual time to develop a viable adult identity (...). One of the ways in which societies contribute to psychosocial development during this time is by providing ‚institutionalized moratoria' – structured settings that allow for experimentation with various roles and that provide socialization experiences felicitous for the development of a viable adult identity."

---

33 Zur Kritik an Eriksons Identitätstheorie, die unter anderem eine Generalisierung von Sozialisationsbedingungen der US-amerikanischen weißen Mittelschicht der 1940er- und 1950er-Jahre anmerkt, sei auf Keupp (2008) verwiesen.

Sollte die These, dass sich der Freiwillige Wehrdienst insbesondere für angehende Erwachsene mit geringerer Bildungsperspektive (und unabhängig vom Vorliegen eines Migrationshintergrundes) als Form eines psychosozialen Moratoriums anbietet, richtig sein, wäre dies angesichts der ernsthaften und verpflichtungsreichen Anforderungen, die im Kontext der Auslandseinsätze an den Wehrdienst gestellt werden, folgenreich.

Im Sinne einer empirischen Überprüfung der dargelegten Befunde der explorativen Studie und der daraus extrapolierten Thesen zur Wahrnehmung der Bundeswehr durch Jugendliche mit Migrationshintergrund werden die Ergebnisse einer derzeit am Fachbereich Gesellschaftswissenschaften der Goethe-Universität sich in Arbeit befindenden Dissertation zur Motivation und den Erfahrungen des Freiwilligen Wehrdienstes sicherlich aufschlussreich sein.[34]

Eines scheint jedoch sicher zu sein: Die eingangs angeführte zielgruppenspezifische Ansprache der US-Streitkräfte ist in Deutschland derzeit angesichts der unterschiedlichen nationalen Migrations- und Integrationsregime kaum denkbar. Ausgehend von der Sicht der befragten Jugendlichen mit Migrationshintergrund wäre sie wohl auch nicht sinnvoll.

Literatur

Abell, Jackie/Locke, Abigail/Condor, Susan/Gibson, Stephen/Stevenson, Clifford (2006). Trying Similarity, Doing Difference: The Role of Interviewer Self-Disclosure in Interview Talk with Young People. *Qualitative Research*, 6: 2, 221–244.

Aptekar, Sofya (2010). Immigrant Naturalization and Nation-Building in North America. Dissertation. Princeton, N.J.: Princeton University.

---

34 Die Dissertation wird von Rabea Haß unter dem Arbeitstitel „Wer dient Deutschland?" als qualitative *Panel*-Untersuchung von Freiwillig Wehrdienst Leistenden angefertigt. Die Fertigstellung der Arbeit ist für das Frühjahr 2014 vorgesehen.

Babka von Gostomski, Christian (2003). Violence as a Reaction to Lack of Recognition? Male Adolescents of Turkish Descent, Late Migrants from Russia and Poland and Native Germans. *Kölner Zeitschrift für Soziologie und Sozialpsychologie,* 55: 2, 252–277.

Baier, Dirk/Pfeiffer, Christian (2008). Disintegration and Violence among Migrants in Germany: Turkish and Russian Youths versus German Youths. *New Directions for Youth Development,* 119, 151–168.

Bauman, Zygmunt (2011). Migration and Identities in the Globalized World. *Philosophy and Social Criticism,* 37: 4, 425–435.

Blank, Renate (2011). Gruppendiskussionsverfahren. In: Naderer (Hg.) 2011: 289–312.

Breitenfelder, Ursula/Hofinger, Christoph/Kaupa, Isabella/Picker, Ruth (2004). Fokusgruppen im politischen Forschungs- und Beratungsprozess. *Forum Qualitative Sozialforschung,* 5: 2. Online: http://nbn-resolving.de/urn:nbn:de:0114-fqs0402254; abgerufen am 1.12.2012

Buber, Renate (Hg.) (2009): Qualitative Marktforschung. Zweite überarbeitete Auflage. Wiesbaden: Gabler.

Bundesamt für Migration und Flüchtlinge (2011). Migrationsbericht 2010. Online: http://www.bamf.de/SharedDocs/Anlagen/DE/Publikationen/Migrationsberichte/migrationsbericht-2010.pdf; abgerufen am 15.12.2012

Bunger, Susan (2005). The Influence of Socioeconomic Conditions upon the Composition of the United States All-Volunteer Armed Forces. Dissertation. Brookings, SD: South Dakota State University.

Bürkner, Hans-Joachim (2012). Intersectionality: How Gender Studies Might Inspire the Analysis of Social Inequality among Migrants. *Population, Space and Place*, 18: 2, 181–195.

Clement, Rolf (2011). Nachwuchssorgen bei der Truppe. Über die Rekrutierungsprobleme der Bundeswehr. *Deutschlandradio*, 15. Mai. Online: http://www.dradio.de/dlf/sendungen/kom mentar/1389187/ abgerufen am 4.6.2011.

Côté, James E./Levine, Charles (1988). The Relationship between Ego Identity Status and Erikson's Notions of Institutionalized Moratoria, Value Orientation Stage, and Ego Dominance. *Journal of Youth and Adolescence*, 17: 1, 81–99.

Cuadraz, Gloria Holguin/Uttal, Lynet (1999). Intersectionality and In-Depth Interviews: Methodological Strategies for Analyzing Race, Class, and Gender. *Race, Gender & Class*, 6: 3, 156–186.

Ebner, Georg (Hg.) (2012). Interkulturalität als Instrumentarium für Einsatz und Führung. Wien: Österreichische Landesverteidigungsakademie.

Erikson, Erik H. (1968). Identity: Youth and Crisis. New York: Norton.

Fischer, Michael (2012). Multikulti in der Bundeswehr – de Maizière umwirbt Migranten. *SZ Online*, 20. Juni. Online: http://www.sz-online.de/nachrichten/artikel.asp?id=3088612; abgerufen am 1.12.2012

Flick, Uwe (2009). An Introduction to Qualitative Research. Los Angeles, CA: Sage.

Gibson, Margaret A./Hidalgo, Nicole (2009). Bridges to Success in High School for Migrant Youth. *Teachers College Record*, 111: 3, 683–711.

Glick Schiller, Nina/Levitt, Peggy (2006). Haven't We Heard this Somewhere before? A Substantive View of Transnational Migration Studies by Way of a Reply to Waldinger and Fitzgerald (Working Paper). Princeton: The Center for Migration and Development. Online: http://cmd.princeton.edu/papers/wp 0601.pdf; abgerufen am 15.12.2012.

Guney, Ulku (2010). We See our People Suffering: The War, the Mass Media and the Reproduction of Muslim Identity among Youth. *Media, War & Conflict*, 3: 2, 168–181.

Hopwood, Junior (2009). The Relationship between Capital Accumulation, Types of Jobs, Educational Attainment, Race, Gender and Urban Poverty in the United States between 1968 and 2008. Dissertation. Washington, D.C.: Howard University.

Ivanda, Katica (2010). Germany as an Immigration Country. *Drustvena Istrazivanja*, 15: 1-2, 233–258.

Kecskes, Robert (2000). Social and Identificational Assimilation of Young Turkish People. *Berliner Journal für Soziologie*, 10: 1, 61–78.

Keller, Carsten/Schultheis, Franz/Bergmann, Manfred Max (Hg.) (2008). Urban Riots and Youth Violence: German and French Perspectives. *Schweizerische Zeitschrift für Soziologie*, 34: 2, 233–431.

Keupp, Heiner (2008). Identitätskonstruktionen in der spätmodernen Gesellschaft. Riskante Chancen bei prekären Ressourcen. *Zeitschrift für Psychodrama und Soziometrie*, 7: 2, 291–308.

Kleykamp, Meredith Alyce (2007). Military Service and Minority Opportunity. Dissertation. Princeton, N.J.: Princeton University.

Köngeter, Stefan (2010). Transnationalism. *Social Work and Society*, 8: 1, 177–181.

Koo, Choon-Kweon (2012). Immigration Growth and the Changes of Immigrants Policy in Germany. *Review of International and Area Studies*, 21: 1, 119–154.

Kühner, Angela/Langer, Phil C. (2010). Dealing with Dilemmas of Difference. Ethical and Psychological Considerations of ‚Othering‘, and ‚Peer Dialogues‘ in the Research Encounter. *Migration Letters*, 7: 1, 69–78.

Kümmel, Gerhard (Hg.) (2012). Die Truppe wird bunter: Streitkräfte und Minderheiten. Baden-Baden: Nomos.

Langer, Phil C. (2012a). Interkulturelle Kompetenz im Einsatz. In: Seiffert/Langer/Pietsch (Hg.) 2012: 123–142.

Langer, Phil C. (2012b). Das Integrationspotenzial von Streitkräften in Migrationsgesellschaften. Argumente, Entwicklungen und Perspektiven zur Rolle der Bundeswehr im aktuellen Diskurs. In: Ebner (Hg.) 2012: 188–212.

Leisering, Benedikt/Weishaupt, Karin (2011). Migranten erfolgreich im Beruf: Fallstudien im Handwerk (Working Paper, Forschung Aktuell, Nr. 6). Gelsenkirchen et al.: Westfälische Hochschule. Online: http://hdl.handle.net/10419/57215; abgerufen am 10.12.2012.

Londono, Ernesto (2008). Warriors for U.S. Become Its Citizens, Too; In Baghdad, 159 Troops Take the Oath in Largest Overseas Naturalization Ceremony. *The Washington Post*, 13. April, A14.

Lutz, Helma (2002). Intersectional Analysis – A Way Out of Multiple Dilemmas? Paper Presented at the World Congress of the International Sociological Association.

Mayerhofer, Wolfgang (2009). Das Fokusgruppeninterview. In: Buber (Hg.) 2009: 477–490.

Mayring, Philipp (2007). Designs in qualitativ orientierter Forschung. *Journal für Psychologie (Online)*, 15: 2.

Mecheril, Paul (2002). Natio-kulturelle Mitgliedschaft – ein Begriff und die Methode seiner Generierung. *Tertium comparationis*, 8: 2, 104–115.

Menke, Iris/Langer, Phil C. (2011). Preface. In: Menke/Langer (Hg.) 2011a: 7–9.

Menke, Iris/Langer, Phil C. (Hg.) (2011a). Muslim Service Members in Non-Muslim Countries. Experiences of Difference in the Armed Forces in Austria, Germany and the Netherlands (SOWI-Forum International 29). Strausberg: SOWI.

Menke, Iris/Langer, Phil C./Tomforde, Maren (2011). Challenges and Chances of Integrating Muslim Soldiers in the Bundeswehr: Strategies of Diversity Management in the German Armed Forces. In: Menke/Langer (Hg.) 2011a: 13–42.

Mruck, Katja/Breuer, Franz (2003). Subjektivität und Selbstreflexivität im qualitativen Forschungsprozess – Die FQS-Schwerpunktausgaben. *Forum Qualitative Sozialforschung*, 4: 2. Online: http://nbn-resolving.de/urn:nbn:de:0114-fqs0302233; abgerufen am 4.12.2012.

Mruck, Katja/Mey, Günter (2005). Qualitative Forschung: Zur Einführung in einen prosperierenden Wissenschaftszweig. *Historical Social Research*, 30: 1, 5–27.

Münkler, Herfried (2007): Heroische und postheroische Gesellschaften. *Merkur. Deutsche Zeitschrift für europäisches Denken*, 61: 8/9, 742–752.

Murray, Charles (2012). The New American Divide: The Ideal of an ‚American Way of Life' Is Fading as the Working Class Falls further away from Institutions like Marriage and Religion and the Upper Class Becomes more Isolated. *Wall Street Journal*, 21. Januar. Online: http://search.proquest.com.ubproxy.ub.uni-frankfurt.de/docview/917925183?accountid=10957; abgerufen am 10.12.2012.

Murray, Graham (2006). France: The Riots and the Republic. *Race and Class*, 47: 4, 26–45.

Naderer, Gabriele (Hg.) (2011). Qualitative Marktforschung in Theorie und Praxis: Grundlagen, Methoden, Anwendungen. Zweite Auflage. Wiesbaden: Gabler.

Oppong, Marvin (Hg.) (2011). Migranten in der deutschen Politik. Wiesbaden: VS Verlag für Sozialwissenschaften.

Parker, Richard/Aggleton, Peter (2003). HIV and AIDS-Related Stigma and Discrimination: A Conceptual Framework and Implications for Action. *Social Science & Medicine*, 57: 1: 13–24.

Pries, Ludger (2008). Die Transnationalisierung der sozialen Welt: Sozialräume jenseits von Nationalgesellschaften. Frankfurt am Main: Suhrkamp.

Punch, Samantha (2002). Youth Transitions and Interdependent Adult-Child Relations in Rural Bolivia. *Journal of Rural Studies*, 18: 2, 123–133.

Rosenfeld, Dagmar (2011). Sie sind jung und brauchen das Geld. *Die Zeit*, Nr. 23 vom 5. Juni. Online: http://www.zeit.de/ 2011/ 23/Bundeswehr-Rekrutierung; abgerufen am 4.6.2011.

Seiffert, Anja (2012). ‚Generation Einsatz' – Einsatzrealitäten, Selbstverständnis und Organisation. In: Seiffert/Langer/Pietsch (Hg.) 2012: 79–99.

Seiffert, Anja/Langer, Phil C./Pietsch, Carsten (Hg.) (2012): Der Einsatz der Bundeswehr in Afghanistan. Sozial- und politikwissenschaftliche Perspektiven. Wiesbaden: VS Verlag für Sozialwissenschaften.

Stock, Margaret D. (2009). Essentials for the Fight: Immigrants and the Military Eight Years after 9/11 (IPP Special Report). Washington, D.C.: The Immigration Policy Center. Online: http://www.immigrationpolicy.org/sites/default/files/docs/I mmigrants_in_the_Military_-_Stock_110909_0.pdf; abgerufen am 1.12.2012.

Strauss, Anselm (2007). Grundlagen qualitativer Sozialforschung. Zweite Auflage. München: Fink.

Thränhardt, Dietrich (2002). Conflict, Consensus and Policy Outcomes. Immigration and Integration in Germany and the Netherlands. *Leviathan: Zeitschrift für Sozialwissenschaft*, 30: 2, 220–249.

Vertovec, Steven (2009). Transnationalism. London – New York: Routledge.

Walzer, Michael (1998). Über Toleranz. Von der Zivilisierung der Differenz. Hamburg: Rotbuch Verlag.

Wenden, Catherine Withol de (2006). Urban Riots in France. *SAIS Review*, 2, 47–54.

Westphal, Manuela/Behrensen, Birgit (2008). Wege zum beruflichen Erfolg bei Frauen mit Migrationshintergrund der ersten und zweiten Generation und Ursachen für die gelungene Positionierung im Erwerbsleben. Expertise. Osnabrück: Universität Osnabrück. Online: http://www.bamf.de/SharedDocs/Anlagen/DE/Publikationen/ExpertisenBeitraege/erfolgsbiographien.pdf?__blob=publicationFile; abgerufen am 10.12.2012.

Wolffsohn, Michael (2011). Prekarier in Uniform. *Welt Online*, 17. Januar. Online: http://www.welt.de/print/die_welt/debatte/article12199057/Prekarier-in-Uniform.html; abgerufen am 4.6.2011.

Wong, Edward (2005). Swift Road for U.S. Citizen Soldiers already Fighting in Iraq. *New York Times*, 9. August. Online: http://search.proquest.com.ubproxy.ub.uni-frankfurt.de/docview/433144155?accountid=10957; abgerufen am 2.10.2012.

7 Was bedeutet Integration in einer pluralistischen Gesellschaft?

Arnd-Michael Nohl

Einleitung

‚Integration' ist ein Dauerbrenner moderner, differenzierter Gesellschaften. Dies ist nicht nur deshalb so, weil es immer irgendwelche
Bevölkerungsgruppen gibt, deren Integration problematisch erscheint.
Auch bietet das Thema ‚Integration' für diejenigen, die sich schon
immer zur integrierten Mehrheit zählen, einen willkommenen – und
durchaus legitimen – Diskussionsanlass, um sich des Eigenen, dessen,
was man als ‚deutsch' und ‚Deutschland' begreifen will, zu versichern.
Ich beginne meinen Beitrag mit einigen Überlegungen zu dem Problem der Migration, das am häufigsten als Pate für Diskussionen zur
Integration steht (Abschnitt 1). Später werde ich dann darauf eingehen, was Integration in einer pluralistischen Gesellschaft bedeutet
(Abschnitt 2) und wie wichtig hierfür Partizipation ist (Abschnitt 3).

Migration

Spätestens seit der Jahrtausendwende redet man in Deutschland nicht
mehr über ‚Ausländer' und ‚Gastarbeiter', sondern über ‚Migration',
‚Einwanderung' und ‚Einwanderungsgesellschaft'. Dass Deutschland
ein Einwanderungsland ist, wird mittlerweile von allen maßgeblichen
politischen Strömungen in Deutschland akzeptiert.[1]

Mit dem Wechsel von der Ausländer- und Gastarbeiterdebatte
zur politischen Anerkennung der Einwanderungstatsache hat sich
auch der gesellschaftliche Diskurs im Allgemeinen verändert. War
früher immer klar, dass die fremden Kulturen nicht zur deutschen
Gesellschaft dazugehören, weil es ja die Kulturen der Ausländer und

---

[1] Dieser Wandel im politischen Diskurs, der sich später und weitaus inkonsequen-
ter auch auf der Ebene der Rechtsordnung zeigte, hat sicherlich mit dem Regie-
rungswechsel 1998 und der Arbeit der Süssmuth-Kommission begonnen (vgl.
hierzu Thränhardt 2010).

der nur zeitweise anwesenden Gastarbeiter waren, lassen sich mit der Anerkennung der Einwanderungstatsache die fremden Kulturen nicht mehr so einfach nach außen verlagern und externalisieren. Wer anerkennt, dass Menschen nach Deutschland einwandern, muss notgedrungen auch die mitgebrachten Kulturen als Teil unserer Gesellschaft betrachten.

Die andauernde Debatte um Migration, welche meist um die Frage kreist, welche Migrant(inn)en wie nach Deutschland kommen sollen und welche ihrer Kulturen der hiesigen Gesellschaft genehm sind und welche nicht, lässt allerdings leicht vergessen, dass kulturelle Pluralität nicht erst mit der – ohnehin seit Jahrhunderten andauernden – Einwanderung zur gesellschaftlichen Tatsache geworden ist. Vielmehr haben wir es in Deutschland mit einer ganz allgemeinen kulturellen Pluralisierung zu tun. Diese ist durch die Migration nur beschleunigt worden – beschleunigt sowohl, was die Pluralisierung von Milieus angeht, als auch, was die Sichtbarkeit von und Aufmerksamkeit für diese Pluralisierung anbetrifft.

Dass in Deutschland keine einheitlichen Werte und Kulturen herrschen, wird zum Beispiel durch das viel diskutierte Kopftuch symbolisch aufgeladen und fassbar gemacht. Doch letztlich geht es hier um ein Problem, das keineswegs auf Migrant(inn)en zu begrenzen ist. In der Kopftuchdebatte etwa wird eigentlich viel mehr über das Selbstverständnis der Gesellschaft als über die Migrant(inn)en diskutiert. Thema dieser Diskussion ist – ganz allgemein gesagt –, dass es heutzutage eben nicht mehr klar ist, wie die Geschlechterverhältnisse auszusehen haben. Hier finden wir auch innerhalb der einheimischen Milieus große Unterschiede, von den klassischen patriarchalischen Familien bis hin zu Alleinerziehenden, gleichgeschlechtlichen Lebensformen und Hausmännern. In diesem Zusammenhang ist es bedenkenswert, dass an Migrant(inn)en Anfragen gestellt werden, die auch von vielen Einheimischen höchst reserviert beantwortet worden wären – etwa die Fragen zum Coming-out des homosexuellen Sohnes.[2] Es zeigt sich gerade hierin: Man kann sich selbst zum Liberalen stilisieren, wenn man auf den vermeintlichen Konservatismus von

---

2 So in dem Gesprächsleitfaden für die muslimischen Staatsbürgerschaftsanwärter/innen in Baden-Württemberg.

Migranten schaut. Schon insofern sind Debatten über die Kulturen der Einwanderer immer auch – wenngleich implizit – auf die Kulturen der Einheimischen gerichtet.

Die Geschlechterfrage ist nur ein Beispiel für die Pluralisierung der Milieus. Wir haben es in Deutschland mit einer hohen Zahl unterschiedlicher kollektiver Lebensformen zu tun. Solche Kulturen und Milieus sind für diejenigen, die in ihnen leben, weitgehend selbstverständlich. Wir leben in den Milieus und Kulturen, ohne darüber ständig nachdenken zu müssen. Dies gilt für das Leben in einem bayrischen Dorf ebenso wie für alternative Milieus in Berlin-Kreuzberg. Oftmals werden wir uns unserer eigenen Gewohnheiten erst dann bewusst, wenn wir mit fremden Gewohnheiten konfrontiert werden. Nur wenn wir von außen auf unsere Milieuzugehörigkeit hingewiesen werden, beginnen wir, über bestimmte Elemente dieser praktischen Lebensform nachzudenken.

Kulturen und Milieus[3] sind in sich nochmals differenziert. Man kann in einem bildungsbürgerlichen Eppendorfer Milieu in Hamburg leben, doch heißt dies nicht, dass man deshalb alle Handlungsgewohnheiten mit allen Eppendorfer Bildungsbürgern teilt. In den Milieus und Kulturen finden sich unter anderem Geschlechter-, Generations- und Altersunterschiede. Auch die Milieus und Kulturen der Migranten sind nicht monolithisch, sondern in sich heterogen. Wenngleich es – um ein Beispiel zu nennen – in vielen als ‚türkisch‘ markierten Milieus in Deutschland zur kollektiven Lebensform dazu gehört, große Hochzeiten zu feiern, so werden diese Hochzeiten doch von den Gästen sehr unterschiedlich erlebt, je nachdem, ob sie Frauen oder Männer, Kinder oder Alte, Arbeiter oder Freiberufler sind. Diese Binnenheterogenität von Kulturen und Milieus lässt sich als Mehrdimensionalität bezeichnen. Jedes Milieu hat mehrere Dimensionen: Geschlecht, Generation, Bildung, Schicht, Alter, Migration etc.

Aus den genannten Gründen ist nicht Migration das Kernproblem unserer Gesellschaft, über das zu diskutieren und nachzudenken ist, sondern kulturelle Pluralisierung, innerhalb derer Migrati-

---

3 Zum hier vertretenen Konzept von Milieus, das sich an die Arbeiten Ralf Bohnsacks anlehnt, vgl. Nohl (2010: Kap. 6.1).

on nur ein herausgehobenes Phänomen darstellt. In der Gesellschaft finden sich höchst unterschiedliche, in sich noch einmal in verschiedene Dimensionen ‚gebrochene' Milieus.

Integration

Integration ist ein theoretisch wie politisch höchst umstrittener Begriff. Schwierig ist der Begriff der Integration, weil er suggeriert, es gäbe *eine* Entität, *ein* soziales Gebilde, in das sich Menschen in Deutschland integrieren könnten. Nach allem, was die Sozialwissenschaften über moderne Gesellschaften wissen, ist die Grundannahme, die Gesellschaft sei eine Einheit, falsch. Denn die Gesellschaft ist kein einheitliches Kollektiv, in das man sich integrieren könnte. Deutschland ist vielmehr eine in viele soziale Milieus und Funktionssysteme (wie Wirtschaft, Bildung, Politik und Recht) ausdifferenzierte Gesellschaft.

Wie der gesellschaftliche Zusammenhalt dennoch aussehen kann, möchte ich in zwei Schritten skizzieren. Zunächst gehe ich auf die soziale Kohäsion auf der Ebene der bereits angesprochenen Vielfalt von Kulturen und Milieus ein. Dann werde ich mich einem bislang von mir ausgesparten Bereich, demjenigen der gesellschaftlichen Funktionssysteme, widmen.

Soziale Kohäsion auf der Ebene von Milieus

Kulturelle Integration wird in Deutschland oft verlangt, so etwa in der Leitkulturdebatte (vgl. Lammert 2006).[4] Doch würde man von den Einwanderern kulturelle Integration erwarten – und das heißt zumeist nichts Anderes als Assimilation –, müsste man als Einheimische zunächst einmal festlegen, an welches Milieu der Gesellschaft und an

---

4   Ursprünglich handelt es sich hier um ein Schlagwort, das von dem Sozialwissenschaftler Bassam Tibi geprägt worden war; es erlangte im Jahre 2000 Popularität, als der damalige Unionsfraktionsvorsitzende Friedrich Merz für die „deutsche Leitkultur" plädierte und vor „Parallelgesellschaften" warnte (vgl. Merz 2000).

welche Werte sie sich denn nun anpassen sollten: An die Bildungs-
bürger, an die ‚Hedonisten‘, wie sie in den Sinus-Studien genannt
werden, an die konservativen Milieus, an proletarische oder subprole-
tarische Lebensformen, wie man sie etwa aus Berlin-Neukölln kennt?

Die ganze Frage kultureller Integration und Assimilation ge-
winnt dadurch an Komplexität, dass nicht nur viele, in sich selbst aber
homogene Gemeinschaften ihren je eigenen Lebensweisen frönen.
Vielmehr ist die Heterogenität unserer Gesellschaft – wie oben ausge-
führt – in mehreren, einander überlappenden Dimensionen angelegt:
Wir erleben Geschlechterdifferenzen, soziale Distanz zwischen Arbei-
tern und Akademikern, Land- und Stadtbewohnern, Migranten und
Einheimischen, Alten und Jungen, Reichen und Armen. Es erscheint
daher als ein völlig aussichtsloses Unterfangen, diese unterschiedlichen und in sich wiederum mehrdimensionalen Milieus in Deutschland aneinander anzugleichen.[5]

Auf der Ebene der Milieus und ihrer Vielfalt die Integrations-
und Assimilationsperspektive aufzugeben, heißt aber nicht, der sozialen Verinselung der Gesellschaft das Wort zu reden. In einer modernen Gesellschaft lässt sich sozialer Zusammenhalt zwar nicht durch
die Verpflichtung zu gemeinsamen Lebensformen und Werten er-
zwingen; es ist aber von höchster Bedeutung, die wechselseitige Ab-
schottung der einzelnen Milieus voneinander zu verhindern. Es ist
wichtig, den kulturellen Dialog, der die Milieugrenzen übergreift, zu
sichern. Dazu gehört auch, die Voraussetzungen dieses Dialogs, etwa
die geographische Nähe, zu gewährleisten. Die Ghettoisierung von
gut situierten Mittelschichtfamilien im Speckgürtel Hamburgs ist dem
Dialog ebenso abträglich wie die soziale Ballung von Unterschichtan-
gehörigen mit Migrationshintergrund in Köln-Mülheim.

---

5   Die Pluralisierung der Milieus wie auch die Mehrdimensionalität dieser Milieus
    in unserer Gesellschaft stellen die Idee einer ‚Leitkultur‘ nicht nur deshalb in
    Frage, weil man auch unter der einheimischen Bevölkerung keine dominante
    Kultur mehr identifizieren kann. Die Pluralisierung widerlegt die Idee der Leit-
    kultur schon insofern, als dass eine Kultur nur dann wirklich leiten kann, wenn
    sie unhinterfragt, undiskutiert und selbstverständlich ist. In einer pluralisierten
    Gesellschaft wird es aber unwahrscheinlich, dass Kulturen selbstverständlich
    und unhinterfragt bleiben, zumal wenn sie als ‚Leitkultur‘ heftig debattiert wer-
    den.

Hier wird deutlich: Die Kommunikation zwischen den Milieus ist eine umfassende und dauerhafte Aufgabe für alle, gerade auch für all jene Menschen, die sich als aufgeklärte, gebildete und verantwortungsbewusste Bürger und Bürgerinnen verstehen. Es fällt bisweilen leicht, die Grenzen zu den Kulturen von Einwanderern oder Einheimischen zu durchbrechen, wenn es sich denn um Menschen ähnlicher politischer Gesinnung oder schulischer Bildung handelt. Ungleich schwerer fällt es demgegenüber den Angehörigen privilegierter Schichten, mit Menschen zu reden, die von manchem Wissenschaftler despektierlich als ‚bildungsfern' bezeichnet werden. Wir müssen erst wieder lernen, auch mit jenen zu kommunizieren, mit denen wir (noch) keine gemeinsame Sprache haben, noch keinen gemeinsamen Jargon sprechen. Öffentliche Organisationen haben hier, wenn sie denn wie die Bundeswehr Menschen aus vielen unterschiedlichen Milieus den Zugang erlauben, eine wichtige Aufgabe.

Dabei gilt es, Unterschiede zu kommunizieren und nicht zu ignorieren. Denn dass wir die Unterschiede zwischen den Milieus sehen und nicht alles gleich gut finden, dass wir bestimmte Werte ablehnen, und dass wir in einem aufgeklärten Sinne ethnozentristisch sind, d. h. unserem eigenen Milieu verbunden sind, ist die Voraussetzung dieses Dialogs.[6] Unterschiede gilt es zu kommunizieren und nicht zu ignorieren. Dies ist anstrengend und beschwerlich, denn es stellt die eigene Lebensweise in Frage. Aber es fördert die Kohäsion in der Gesellschaft, wenn in allen ihren Milieus und Kulturen klar ist, dass „man auch anders leben kann".[7] Im Dialog über Differenzen bleibt nichts, wie es ist. Jedes Milieu – auch das eigene – verliert zumindest seine unhinterfragte Selbstverständlichkeit.

Dass man auch anders leben kann, ist sicherlich in Organisationen wie der Bundeswehr, die lange von einem stark homogenisie-

---

6   Vgl. zum Konzept eines aufgeklärten Ethnozentrismus Nieke (2000: 139f.).

7   „Multikulturell ist eine Gesellschaft, in der jedem einzelnen klar wird, daß man auch anders leben kann", schreiben Micha Brumlik und Claus Leggewie (1992: 435). Ich zitiere hier aus einem Aufsatz zweier (ehemaliger) Protagonisten der viel gescholtenen ‚multikulturellen Gesellschaft'. Damit möchte ich auch deutlich machen, dass zumindest diese beiden Autoren die multikulturelle Gesellschaft immer auch als eine Frage des interkulturellen Dialogs und des Sich- und Andere-In-Frage-Stellens begriffen haben.

renden Kameradschaftsideal geprägt wurden,[8] durchaus irritierend. Aber gerade hier haben Interessengruppen wie der *Arbeitskreis homosexueller Angehöriger in der Bundeswehr* oder der von Soldat(inn)en mit Migrationshintergrund gegründete Verein *Deutscher.Soldat* eine ebenso wichtige Funktion wie diese schon von den ersten waffentragenden Frauen in der Bundeswehr nach dem EuGH-Urteil 2000 – durchaus ungewollt – erfüllt wurde. Durch die Inklusion von Angehörigen unterschiedlichster Milieus in gesellschaftliche Funktionssysteme und ihre Organisationen (wie etwa der Bundeswehr im Funktionssystem der Politik) wird daher der Dialog zwischen den Milieus gefördert, die Milieus selbst verändern sich und der Zusammenhalt der Gesellschaft wächst.

Inklusion in gesellschaftliche Funktionssysteme

Moderne Gesellschaften sind nicht nur deswegen keine monolithischen Kollektive, weil sie eine Vielzahl von Milieus beherbergen. Sie lassen sich auch deshalb nicht als soziale Einheit begreifen, weil die Gesellschaft sich in viele soziale Systeme ausdifferenziert hat, die man als ‚gesellschaftliche Funktionssysteme' bezeichnen kann. Diese Subsysteme der Gesellschaft dienen unterschiedlichen Funktionen und operieren voneinander weitgehend unabhängig.[9]

Jedes gesellschaftliche Funktionssystem dient einem bestimmten Zweck und richtet seine Operationen nach diesem aus. Das Bildungssystem dient der Bildung, im Wirtschaftssystem geht es um Profit, in der Politik um Macht, im Gesundheitssystem um Gesundheit. Keines dieser Systeme kann unmittelbar steuernd in die ‚Geschäfte' des jeweils anderen eingreifen. Das sehen wir gerade an der Unfähigkeit der Politik, mehr als die Randbedingungen der Wirtschaft zu ges-

---

8 Siehe hierzu den Beitrag von Biehl in diesem Band.

9 Die Theorie der Differenzierung von Gesellschaft in Funktionssysteme wie Bildung, Politik, Wirtschaft und Recht ist vor allem von Niklas Luhmann (vgl. etwa Luhmann 1987) vorangetrieben worden (allerdings unter weitgehender Ausklammerung der Pluralität von Milieus und Kulturen). Der Verweis auf Luhmanns Theorie funktionaler Differenzierung sollte allerdings nicht zu der Annahme (ver)führen, in diesem Beitrag würde überwiegend systemtheoretisch argumentiert.

talten. Dies ist kein Versagen der Politik, sondern ein typisches Phänomen moderner Gesellschaften. Nur innerhalb des jeweiligen Funktionssystems kann man – dann aber nach den Maßgaben der jeweiligen Funktion – gestalten. Von außen lässt sich kaum in das Bildungssystem oder in das Wirtschaftssystem hineinregieren, so sehr etwa von Wirtschaftsleuten immer wieder beklagt wird, das Bildungssystem liefere nicht die richtigen Arbeitskräfte.

Von der Eingliederung in gesellschaftliche Funktionssysteme lässt sich – im Unterschied zur Integration in ein einziges Milieu – durchaus sprechen. Um diese von ‚Integration' zu unterscheiden, bevorzuge ich hier jedoch den Begriff der ‚Inklusion' (Luhmann 1998: 620f.). Dabei ist zu betonen, dass man nicht als ganze Person, mit Haut und Haar sozusagen, in das Rechts- und Bildungssystem, in den Arbeitsmarkt und die Politik inkludiert wird, sondern in spezifischen Rollen, als Schüler, Arbeiterin, Inhaber von Rechtsansprüchen oder Staatsbürgerin. Gleichwohl sind diese Rollen – und mit ihnen die Funktionssysteme – nicht völlig voneinander abgetrennt; vielmehr strahlt die Inklusion in ein Funktionssystem auf andere Bereiche aus. Zum Beispiel weiß eine erfolgreiche Schülerin besser über politische Partizipation Bescheid als eine schlechte, und ein Arbeitsloser hat oftmals weniger Möglichkeiten, sich rechtliches Gehör zu verschaffen, als jemand, der sich gute Rechtsanwälte leisten kann.

So gesehen, ist die Inklusion in gesellschaftliche Funktionssysteme selbst dann ein fortwährendes Problem, wenn man von der Frage der Einwanderung absieht. Die Stichworte PISA und Hartz IV erinnern daran, dass auch die Integration der einheimischen Bevölkerung in die gesellschaftlichen Funktionssysteme, hier jene der Bildung und des Arbeitsmarktes, nicht per se gewährleistet ist. Doch wie steht es bei der Inklusion von unterschiedlichen Bevölkerungsgruppen in der Bundeswehr? Ich möchte auf diese Frage anhand bundeswehreigener Zahlen zu Migrant(inn)en, Muslim(inn)en und der Bildungsmilieuherkunft studierender Offiziere eingehen.

In jüngeren Arbeiten des damaligen Sozialwissenschaftlichen Instituts der Bundeswehr geht man davon aus, dass 12 Prozent der Bundeswehrangehörigen einen Migrationshintergrund haben. Dies sei sogar etwas mehr als der entsprechende Anteil von deutschen Staatsangehörigen mit Migrationshintergrund an der Gesamtbevölkerung. Unter diesen Soldat(inn)en stellen Aussiedler/innen die größte Gruppe. Muslime und Musliminnen sind demgegenüber – im Vergleich zur Gesamtbevölkerung – weitaus schlechter vertreten; man geht hier von 1000 – 2000 Soldat(inn)en aus (vgl. Menke et al. 2011: 22, 14). In einer anderen Studie des Sozialwissenschaftlichen Instituts zeigen die Autoren, dass die familiale Herkunft der Studierenden an den Bundeswehr-Universitäten (und damit der zukünftigen Offiziere) heterogener ist als diejenige bei Studierenden ziviler Universitäten: Wenngleich auch bei den Bundeswehr-Studierenden noch die Hälfte der Eltern mindestens das Abitur gemacht hat, so liegt dieser Wert doch 8 Prozentpunkte unter demjenigen ziviler Studierender (vgl. Bulmahn et al. 2010: 29). Auch bei den Berufsabschlüssen wird deutlich, dass die Eltern der Bundeswehr-Studierenden im Vergleich zu ihren zivilen Kommiliton(inn)en niedrigere Abschlüsse aufweisen. Die Studie kommt zu dem Schluss, „dass die Universitäten der Bundeswehr in der Tat junge Menschen, die in Bildung und Beruf einen Aufstieg gegenüber ihrer Herkunft anstreben, stärker ansprechen als öffentliche Universitäten" (Bulmahn et al. 2010: 30f.).

Diese hier nur sehr unvollständig und verkürzt präsentierten statistischen Daten zeigen, dass die Bundeswehr als Organisation zwar in manch einem Bereich besser unterschiedliche Bevölkerungsgruppen zu inkludieren vermag (etwa Menschen aus Elternhäusern mit niedrigen Bildungsabschlüssen in die Offizierslaufbahn), in anderen Bereichen (etwa bei den Muslimen) aber noch einiges im Argen liegt. In dieser Hinsicht erweist sich die Bundeswehr als typischer Teil der Gesellschaft.

Es ist klar, dass alles dafür getan werden muss, dass die Menschen jenseits ihrer Milieubindungen und -zwänge in möglichst umfassender Weise in die gesellschaftlichen Funktionssysteme inkludiert werden. Schule, Arbeitsmarkt, Justiz und politisches System müssen allen Menschen als Individuen offen stehen. Doch ist es wohlfeil, eine solche politische Forderung aufzustellen. Dies beantwortet aber nicht die Frage, wieso Angehörige mancher Milieus es schwerer haben, im Bildungs- und Wirtschaftssystem weiterzukommen. Ich möchte diese Frage eingehender erörtern. Meine Überlegungen werden darauf hinauslaufen, dass nur durch eine stärkere Partizipation dieser Menschen sichergestellt werden kann, dass sie auch in die Funktionssysteme integriert werden. Diese These ist allerdings zunächst zu erläutern.

Partizipation

Die Wichtigkeit von Partizipation lässt sich anhand einer Organisation, die in das jeweilige Funktionssystem inkludiert, deutlich machen, so etwa anhand der Grundschule – ähnliche Mechanismen wird es wohl auch in anderen Organisationen geben. Wie wir alle wissen, orientieren sich Organisationen wie die Grundschule nicht nur an ihrem eigentlichen Auftrag, d. h. an ihrer – vom Funktionssystem vorgegebenen – Funktion, etwa jener der Bildung. Vielmehr muss diese allgemeine Funktion der Organisation ja immer wieder neu in die Praxis übersetzt und konkretisiert werden. Wie nun ein solcher ganz allgemeiner, abstrakter Zweck wie derjenige der Bildung oder der Hilfe in der Praxis auszubuchstabieren ist, wird von denjenigen entschieden, die in der jeweiligen Organisation das Sagen haben.

Die allgemeinen Regeln und Funktionen einer Schule, wie sie etwa im Schulgesetz festgelegt werden, werden in der Praxis durch diejenigen Personen konkretisiert, die in der Schule unterrichten oder ihr als Rektor/Rektorin vorstehen. Auf diese Weise halten aber die milieuspezifischen Selbstverständlichkeiten der Entscheider/innen in die Organisation Schule Einzug. So setzt etwa die Schule, obwohl sie einen Bildungsauftrag für alle Menschen hat, immer wieder und häufig ganz implizit die Bildungserwartungen einer Schicht, der Mittelschicht, durch.[10] Denn die Lehrerinnen und Lehrer entstammen meist der gebildeten Mittelschicht, für die die kollektiven Lebensformen etwa von Arbeiterfamilien keine Selbstverständlichkeit, sondern schlichtweg fremd sind. Diese impliziten Bildungserwartungen der Lehrer und Lehrerinnen werden zum Beispiel darin deutlich, dass in vielen Schulen erwartet wird, dass die Eltern intensiv bei der Hausaufgabenbetreuung mithelfen, soll ihr Kind in eine weiterfüh-

---

10 Vgl. hierzu klassisch Bourdieu/Passeron 1973.

rende Schule aufgenommen werden. Wer diesen Erwartungen nicht entspricht, wessen Eltern etwa keine Zeit oder Kompetenz zur Hausaufgabenbetreuung haben, wird dann von der Organisation benachteiligt.

Wie ich am Beispiel der Schule gezeigt habe, werden in den Organisationen, die die gesellschaftlichen Funktionssysteme repräsentieren, die allgemeinen Regeln und Funktionen dieser Organisationen von denjenigen in der Praxis konkretisiert, die in diesen Organisationen Entscheidungen treffen. Damit bleiben diese Organisationen zwar weiterhin ihrer eigentlichen Funktion offiziell verbunden, doch werden sie in der Praxis von den Angehörigen bestimmter Milieus dominiert, die hier ihre Selbstverständlichkeiten durchsetzen.

Wenn eine Organisation von einem bestimmten Milieu dominiert wird – für den Fall der Schule von gebildeten Mittelschichten –, kann dies unter der Hand sehr leicht zur Exklusion von Menschen aus anderen Milieus führen. Dies gilt nicht nur für das Bildungssystem, sondern auch für alle anderen Funktionssysteme und ihre Organisationen. Ihre allgemeinen Funktionen werden von jenen Menschen in der Praxis konkretisiert, deren Milieu die Organisation dominiert. Damit werden Personen anderer Milieus, die in den Organisationen nicht so gut repräsentiert sind, unter der Hand, aber eben doch systematisch, schlechter inkludiert.

Dem ist nicht Abhilfe zu schaffen dadurch, dass man auf den allgemeinen Regeln und Funktionen der Organisationen insistiert. Denn es ist gar nicht die böse Absicht derjenigen, die in diesen Organisationen ihre milieuspezifischen Selbstverständlichkeiten durchsetzen, dies zu tun. Sie müssen es geradezu tun, da die allgemeinen Regeln und Funktionen nicht selbstexplikativ sind, sondern immer irgendwie in die Lebenspraxis übersetzt werden müssen. Wenn also Kinder aus ethnischen Minderheiten oder aus Arbeiterfamilien in der Schule benachteiligt werden, muss das nicht unbedingt auf rassistischen Intentionen der Lehrerschaft beruhen. Benachteiligung und Diskriminierung finden schon dort statt, wo eine Organisation und ihre Entscheidungen völlig ohne Absicht von einem Milieu dominiert werden, so dass das andere Milieu exkludiert wird.

Jede Regel muss also immer irgendwie angewendet, jede Funktion konkretisiert werden. Dabei spielen die Milieus der Entscheider/innen eine große Rolle. Abhilfe ist daher nur dadurch möglich, dass möglichst viele Menschen aus schlecht inkludierten Milieus (unter anderem eben auch Migranten) von den Organisationen nicht nur inkludiert werden (etwa als Schüler), sondern auch an ihnen – und vor allem an ihren Entscheidungen – *partizipieren*. Deswegen ist nicht nur die Inklusion aller Menschen in die Organisationen unserer gesellschaftlichen Funktionssysteme wichtig, sondern auch, wer die Entscheidungsträger dieser Organisationen sind. Deshalb ist Inklusion nur durch Partizipation sicherzustellen.

Betrachtet man die Partizipation spezifischer Bevölkerungsgruppen in einer Organisation wie der Bundeswehr, so ergibt sich ein schlechteres Bild als bezüglich der Inklusion (siehe oben): Der ohnehin schon geringe Anteil an Muslim(inn)en in der Bundeswehr fällt weiter, wenn man die Offiziersränge betrachtet (Menke 2011: 24). Auch Frauen sind in höheren Rängen kaum zu finden. Wenngleich dies im allgemeinen Truppendienst noch nicht verwundern muss, da hier die Karriereverläufe erst angefangen haben, beklagt der Wehrbeauftragte auch für den seit 1975 den Frauen offenstehenden Sanitätsdienst die geringen Karrieremöglichkeiten von Soldatinnen: „Auf insgesamt 137 herausgehobenen Dienstposten der Besoldungsgruppe A 16 werden nur 9 Soldatinnen geführt. Lediglich eine nimmt eine Position im Generalsrang wahr. Dafür gibt es keine überzeugende Begründung. Angesichts der Tatsache, dass es innerhalb der Besoldungsgruppe A 15 etwa gleich viel Frauen wie Männer gibt, ist es nicht nachvollziehbar, warum diese für Spitzenverwendungen so auffallend geringer geeignet und befähigt sein sollen." (Deutscher Bundestag 2011: 13)

Wenn der Wehrbeauftragte hier davon ausgeht, dass es „keine überzeugende Begründung" für die Karrierehindernisse für Frauen im Sanitätsdienst gibt, dann ist dies meines Erachtens als ein Hinweis darauf zu werten, dass auch in der Bundeswehr nicht ausschließlich und überall nach den meritokratischen Prinzipien der Bestenauslese (die ja ein überzeugender Grund wären) verfahren wird.

Zusammenfassung

Geht man davon aus, dass die Inklusion in die Funktionssysteme der Gesellschaft nicht nur durch meritokratische bzw. funktionale Erwägungen geprägt wird, so kann dies damit erklärt werden, dass die Funktionssysteme und ihre Organisationen von den Angehörigen bestimmter Milieus (etwa dem Bildungsbürgertum in der Schule oder den Männern im Sanitätsdienst der Bundeswehr) dominiert werden. Dieses Übergewicht eines Milieus führt – selbst dort, wo dies von niemandem gewollt wird – zum Ausschluss der Angehörigen anderer Milieus.

Wenn in einer pluralisierten Gesellschaft mit ihren unterschiedlichen Milieus und Kulturen nun Inklusion gefordert und gefördert werden soll, so ist diese also nicht alleine durch die Leistungsbefähigung von Angehörigen marginalisierter Milieus zu erreichen, sondern kann nur durch deren politisch gewollte und herbeigeführte Partizipation, d. h. durch eine steigende Teilhabe an den Entscheidungen dieser Organisationen, sichergestellt werden. Deshalb ist die Partizipation von Menschen aller Milieus an den Organisationen der Funktionssysteme gefragt. Nur über Partizipation formen sich in den Funktionssystemen unserer Gesellschaft Organisationen, die alle Milieus zu inkludieren vermögen.

Literatur

Bourdieu, Pierre/Passeron, Jean-Claude (1973). Grundlagen einer Theorie der symbolischen Gewalt. Frankfurt am Main: Suhrkamp.

Bade, Klaus J. (Hg.) (1992). Deutsche im Ausland – Fremde in Deutschland. München: Beck.

Brumlik, Micha/Leggewie, Claus (1992). Konturen der Einwanderungsgesellschaft: Nationale Identität, Multikulturalismus und ‚Civil Society'. In: Bade (Hg.) 1992: 430–442.

Bulmahn, Thomas/Fiebig, Rüdiger/Wieninger, Victoria/Greif, Stefanie/Flach, Max H./Priewisch, Manon A. (2010). Ergebnisse der Studentenbefragung an den Universitäten der Bundeswehr Hamburg und München 2007 (SOWI-Forschungsbericht 89). Strausberg: SOWI.

Deutscher Bundestag (2011). Unterrichtung durch den Wehrbeauftragten. Jahresbericht 2010. Drucksache 17/4400. Berlin: Deutscher Bundestag.

Lammert, Norbert (Hg.) (2006). Verfassung. Patriotismus. Leitkultur. Hamburg: Hoffmann und Campe.

Luhmann, Niklas (1987). Soziologische Aufklärung 4. Beiträge zur funktionalen Differenzierung der Gesellschaft. Opladen: Westdeutscher Verlag.

Luhmann, Niklas (1998). Die Gesellschaft der Gesellschaft, 2 Bände. Frankfurt am Main: Suhrkamp.

Menke, Iris/Langer, Phil C./Tomforde, Maren (2011): Challenges and Chances of Integrating Muslim Soldiers in the Bundeswehr: Strategies of Diversity Management in the German Armed Forces. In: Menke/Langer (Hg.) 2011: 13–39.

Menke, Iris/Langer, Phil C. (Hg.) (2011). Muslim Service Members in Non-Muslim Countries (SOWI-Forum International 29). Strausberg: SOWI.

Merz, Friedrich (2000). Einwanderung und Identität. *DIE WELT*, Nr. 244 vom 25. Oktober.

Nieke, Wolfgang (2000). Interkulturelle Erziehung und Bildung. Wertorientierungen im Alltag. Opladen: Leske+Budrich.

Nohl, Arnd-Michael (2010). Konzepte interkultureller Pädagogik. Eine systematische Einführung. Bad Heilbrunn: Klinkhardt.

Thränhardt, Dietrich (2010). Integrationsrealität und Integrationsdiskurs. *Aus Politik und Zeitgeschichte*, B 46–47, 16–21.

8 Über die Autorinnen und Autoren

Dr. Heiko **Biehl** ist Leiter des Forschungsbereichs Militärsoziologie am Zentrum für Militärgeschichte und Sozialwissenschaften der Bundeswehr in Potsdam.

Ntagahoraho **Burihabwa** ist Gründungsmitglied und Vorstandsvorsitzender des 2011 gegründeten Vereins „Deutscher.Soldat. e. V.". Nach der Beendigung seiner regulären Dienstzeit bei der Bundeswehr als Hauptmann war er als Research Assistant an der Humboldt-Viadrina School of Governance tätig und ist aktuell Visiting Scholar an der Universität Cambridge.

Nina Ann **Gerdeman** ist Gründungsmitglied des 2011 gegründeten Vereins „Deutscher.Soldat. e. V.".

Mag. Dr. Ulrich **Krainz** ist Lehrbeauftragter und wissenschaftlicher Mitarbeiter im Rahmen des Evaluationsprojektes zum Niederösterreichischen Schulmodell im Schulversuch (NOESIS) am Institut für Bildungswissenschaft der Universität Wien.

Dr. Gerhard **Kümmel** ist Leiter des Projektbereichs „Wandel von Streitkräften" am Zentrum für Militärgeschichte und Sozialwissenschaften der Bundeswehr.

Prof. Dr. Dr. Phil C. **Langer** ist Juniorprofessor für Soziologie mit Schwerpunkt soziologische Sozialpsychologie am Fachbereich Gesellschaftswissenschaften der Goethe-Universität Frankfurt. Von 2009 bis 2011 war er wissenschaftlicher Mitarbeiter am Sozialwissenschaftlichen Institut der Bundeswehr und leitete dort das Projekt „Interkulturelle Kompetenz".

Prof. Christian **Leuprecht**, PhD, ist Associate Dean der Faculty of Arts und Associate Professor am Department of Political Science and Economics des Royal Military College of Canada. Zudem ist er Fellow des Institute of Intergovernmental Relations und des Queen's Centre for International and Defence Policy der Queen's University.

Prof. Dr. Arnd-Michael **Nohl** ist Professor für Erziehungswissenschaft, insbesondere systematische Pädagogik, an der Helmut Schmidt-Universität der Bundeswehr in Hamburg.

Carola Hartmann Miles-Verlag

Politik, Gesellschaft, Militär

Uwe Hartmann, *Innere Führung. Erfolge und Defizite der Führungsphiloso-phie für die Bundeswehr,* Berlin 2007.

Hans-Christian Beck, Christian Singer (Hrsg.), *Entscheiden – Füh-ren – Verantworten. Soldatsein im 21. Jahrhundert,* Berlin 2011.

Eberhard Birk, Winfried Heinemann, Sven Lange (Hrsg.), *Tradi-tion für die Bundeswehr. Neue Aspekte einer alten Debatte,* Berlin 2012.

Angelika Dörfler-Dierken, *Führung in der Bundeswehr,* Berlin 2013.

Cornelia Fedtke, Kai-Uwe Hellmann, Jan Hörmann, *Migration und Militär. Zur Integration deutscher Soldaten mit Migrationshintergrund in der Bundeswehr,* Berlin 2013.

Wolf Graf von Baudissin, *Grundwert Frieden in Politik – Strategie – Führung von Streitkräften,* hrsg. von Claus von Rosen, Berlin 2014.

Wolf Graf von Baudissin, *Der Widerstand. „… um nie wieder in die aus-wegslose Lage zu geraten…",* hrsg. von Claus von Rosen, Berlin 2014.

Marcel Bohnert, Lukas J. Reitstetter (Hrsg.), *Armee im Aufbruch. Zur Gedankenwelt junger Offiziere in den Kampftruppen der Bundeswehr,* Ber-lin 2014.

Reihe: Jahrbuch Innere Führung

Uwe Hartmann, Claus von Rosen, Christian Walther (Hrsg.), *Jahrbuch Innere Führung 2009. Die Rückkehr des Soldatischen,* Eschede 2009.

Helmut R. Hammerich, Uwe Hartmann, Claus von Rosen (Hrsg.), *Jahrbuch Innere Führung 2010. Die Grenzen des Militärischen,* Ber-lin 2010.

Uwe Hartmann, Claus von Rosen, Christian Walther (Hrsg.), *Jahrbuch Innere Führung 2011. Ethik als geistige Rüstung für Soldaten,* Berlin 2011.

Uwe Hartmann, Claus von Rosen, Christian Walther (Hrsg.), *Jahrbuch Innere Führung 2012. Der Soldatenberuf zwischen gesellschaftlicher Integration und suis generis-Ansprüchen,* Berlin 2012.

Uwe Hartmann, Claus von Rosen (Hrsg.), *Jahrbuch Innere Führung 2013. Wissenschaften und ihre Relevanz für die Bundeswehr als Armee im Einsatz,* Berlin 2013.

Uwe Hartmann, Claus von Rosen (Hrsg.), *Jahrbuch Innere Führung 2014. Drohnen, Roboter und Cyborgs – Der Soldat im Angesicht neuer Militärtechnologien,* Berlin 2014.

Einsatzerfahrungen

Sascha Brinkmann, Joachim Hoppe (Hrsg.), *Generation Einsatz, Fallschirmjäger berichten ihre Erfahrungen aus Afghanistan,* Berlin 2010.

Artur Schwitalla, *Afghanistan, jetzt weiß ich erst... Gedanken aus meiner Zeit als Kommandeur des Provincial Reconstruction Team FEYZABAD,* Berlin 2010.

Uwe Hartmann, *War without Fighting? The Reintegration of Former Combatants in Afghanistan seen through the Lens of Strategic Thought,* Berlin 2014.

Rainer Buske, *KUNDUZ. Ein Erlebnisbericht über einen militärischen Einsatz der Bundeswehr in AFGHANISTAN im Jahre 2008,* Berlin 2015.

Reihe: Standpunkte und Orientierungen

Daniel Giese, *Militärische Führung im Internetzeitalter – Die Bedeutung von Strategischer Kommunikation und Social Media für Entscheidungsprozesse, Organisationsstrukturen und Führerausbildung in der Bundeswehr,* Berlin 2014.

Dirk Freudenberg, *Auftragstaktik und Innere Führung. Feststellungen und Anmerkungen zur Frage nach Bedeutung und Verhältnis des inneren Gefüges und der Auftragstaktik unter den Bedingungen des Einsatzes der Deutschen Bundeswehr,* Berlin 2014.

Uwe Hartmann (Hrsg.), *Lernen von Afghanistan. Innovative Mittel und Wege für Auslandseinsätze,* Berlin 2015.